MARGARET
TRUDEAU

les Conséquences

Un moment songeur en automne, ma saison préférée.
(© Sherman Hines)

MARGARET TRUDEAU

les Conséquences

LES ÉDITIONS OPTIMUM INTERNATIONALES INC.
MONTRÉAL — TORONTO

Publié en langue française par Les Éditions Optimum Internationales Inc.
Cet ouvrage est publié simultanément en langue anglaise par Seal Books.
Édition anglaise: CONSEQUENCES.
Traduction de la version anglaise par Josée Miville-Dechêne.
Photo couverture: Anthony Loew
Extrait de «Maggie & Pierre» page 147 © 1980 de Linda Griffiths et Paul Thompson.
Réimprimé avec la permission de Talon Books.
Pour d'autres renseignements veuillez s'adresser à:
M. Michael S. Baxendale
Les Éditions Optimum Internationales Inc.
511 Place D'Armes
Montréal, Québec, Canada
H2Y 2W7

Imprimé et relié au Canada.
ISBN: 088890-153-4

Remerciements

Une fois de plus, à Caroline Moorehead, qui, armée de sa dactylo et de son magnétophone, m'aida à faire face aux conséquences.

Table des matières

1
L'épouse
du Premier ministre

J'AVAIS vingt-deux ans lorsque j'épousai le Premier ministre du Canada, Pierre Trudeau. J'en avais vingt-huit et j'étais mère de trois garçons en bas âge, Justin, Sacha et Michel, lorsque nous nous sommes séparés publiquement. Mais j'approchais de la trentaine quand notre rupture devint définitive en novembre 1979. Ce fut une période très difficile de ma vie. On donna une regrettable publicité à mes moindres escapades et nombreux sont les Canadiens qui me reprochèrent mon comportement. On disait de moi que je préférais les plaisirs de la haute société aux devoirs d'épouse de Premier ministre et que j'étais prête à sacrifier mes enfants à mon ambition. Je reçus quelques rares lettres d'encouragement, me félicitant de mon indépendance et de mon courage. Mais la plupart des gens me reprochaient d'être obstinée et destructrice.

C'est à Tahiti que j'avais rencontré Pierre pour la première fois, pendant la période des Fêtes de 1967. Je me prélassais sur un radeau au large de la côte de Moorea lorsqu'un homme, dont j'avais admiré les prouesses en ski nautique, vint me parler. Nous passâmes l'après-midi à discuter paresseusement de politique étudiante et de Platon. Ce n'est que plus tard ce même soir que j'appris que cet étranger était

Pierre Trudeau, le mouton noir du parti libéral fédéral. Il me parut âgé et vieux jeu.

Nous ne nous sommes revus que plusieurs mois plus tard. Dans l'intervalle, je m'étais transformée au Maroc en flower-child, flirtant avec la drogue, me frisottant les cheveux et faisant l'essai de diètes macrobiotiques, au grand désarroi de mon père, James Sinclair, homme autoritaire et ancien membre du cabinet des libéraux fédéraux, et de ma pauvre mère Kathleen, et sous le regard incrédule de mes quatre soeurs. Et c'est ainsi, rebelle, hippie et égoïste, que Pierre me retrouva lorsqu'il m'invita à sortir pour la première fois en août 1969. Dans le secret total qui entourait nos rencontres, j'entrepris d'apprendre les choses qu'il jugeait importantes: j'étudiai le français, je devins catholique et je pratiquai mon ski.

Je ne peux évoquer ces mois sans une certaine incrédulité; je n'arrive pas à croire que j'aie pu feindre ne pas fréquenter Pierre afin que le jour du mariage, seule la famille immédiate sache que la salle que nous avions réservée au Club de golf Capilano, dans ma ville natale de Vancouver, ne servirait pas à une simple réunion familiale mais bel et bien à un festin de noces.

Pierre prenait un risque en m'épousant par cette froide soirée du 4 mars 1971. Malgré mon année de préparation, j'étais encore loin d'être l'épouse qu'il fallait à un politicien distingué, un homme lucide qui réglait sa vie sur une discipline de fer et de travail. Mais moi aussi je prenais un risque. À cinquante-et-un ans, Pierre était de vingt-neuf ans mon aîné. C'était, bien sûr, un adulte alors que moi j'avais tout à découvrir. Je connaissais très peu la vie officielle, mais ce que j'en savais ne m'attirait pas du tout... les cérémonies publiques, la présence inopportune des gardiens de sécurité, les horribles retombées politiques de certains événements, comme l'enlèvement de James Cross et de Pierre Laporte par les séparatistes... tout cela m'inquiétait beaucoup.

Nous pensions tous les deux pouvoir surmonter les difficultés. Pierre voulait une femme, une compagne pour transformer la triste résidence de Premier ministre, au 24 Sussex, et pour combler le vide de ses soirées. Moi, je voulais l'exaltation et le plaisir d'être avec lui. Ce ne fut que plus tard que je compris que Pierre n'avait pas réellement besoin de moi, mais plutôt d'une image qu'il se faisait de moi; pour ma part, le plaisir fut vite enseveli sous un linceul de protocole. On me forçait à devenir matrone bien avant mon temps.

J'éprouvai toujours de la difficulté à être l'épouse d'un Premier ministre. Dès mon arrivée au 24 Sussex, je trouvai étouffants le cérémonial de la vie publique, les domestiques et l'austérité des lieux. Je fis de mon mieux pour améliorer le décor de la maison, ainsi que celui de la résidence de campagne au lac Harrington, et je crois que, là du moins, j'ai réussi. Je sus aussi recruter une équipe de domestiques des plus efficaces pour voir au bon fonctionnement de la maison du Premier ministre. C'était une des seules tâches que Pierre me permettait d'assumer et c'est ce qui m'a permis, pendant les premiers temps, de vaincre l'incertitude croissante que je ressentais face à mon manque d'identité propre et au rôle que je tenais dans sa vie. Une fois cette tâche accomplie, il ne me restait plus rien à faire, rien pour m'empêcher de sombrer dans le doute et la confusion.

Ce fut le début de mes problèmes. Tout en jouant merveilleusement le rôle du petit chou à tout le monde, tout en séduisant à la fois les vieux sénateurs et les politicologues, je me sentais perdue et sans rôle défini à jouer. Je fis des gaffes avec les dignitaires étrangers en me comportant de façon impétueuse; je croyais bien faire alors qu'on me jetait à la tête mon manque de tact. Un jour, on me ridiculisa pour avoir chanté une mélodie de ma composition pour remercier la femme du président du Venezuela, Mme Blanquita Perez. Une autre fois, je choquai sans le vouloir une salle remplie de dignitaires à la Maison-Blanche, lors d'une visite officielle à Washington, en portant une robe à mi-mollet plutôt qu'une robe longue. Je me disputais avec les domestiques et je m'impatientais avec les agents de sécurité à tel point que j'en vins à les percevoir comme des geôliers et non comme des protecteurs.

Et au-dessus de tout, je détestais être un personnage public. Je détestais être reconnue partout où j'allais. Je détestais cette façon qu'avaient les gens de s'approprier mon existence, s'arrogeant impunément le droit de juger de mes actes et de mes convictions avec insolence et sévérité. J'avais l'impression d'être sans cesse soumise à un impitoyable examen. Je me rends compte maintenant que mon comportement est né d'un besoin de me défendre, de prouver que j'étais une personne et non un objet. Mais plus je me débattais, plus ma conduite devenait scandaleuse et plus le public devenait hostile à mon égard.

Les images des brefs et éblouissants moments de plaisir que j'avais connus avec Pierre s'estompaient peu à peu. Mais nous étions heureux. Même dans les mauvaises passes, il suffisait de pouvoir recréer l'intimité et l'innocence de notre vie secrète des premiers temps, pour raviver notre bonheur. Mes fils faisaient partie de ce nid d'amour. Justin, né le jour de Noël 1971, avait été chaleureusement accueilli par le peuple canadien qui nous inonda de chaussons et de chandails tricotés à la main. Sacha naissait deux ans plus tard jour pour jour, un deuxième bébé de Noël, et moins de deux ans après arrivait Michel, que l'on surnomma Micha. Réunis dans l'intimité totale que seule peut créer une vie publique, Pierre et moi avons fait de merveilleux voyages; à Cuba, chez Fidel Castro, en Chine pour voir Chou En-Lai, à Rome pour une audience avec le Pape Paul VI. Ce furent de bons moments.

Mais j'échouai dans mon rôle d'épouse. Je n'avais ni assez de conviction pour poursuivre le rêve, ni assez de discipline pour passer au travers des difficultés. Et c'était la nature de Pierre de ne pas pouvoir m'aider. J'ai donc sombré dans la confusion la plus totale tandis que Pierre, tout comme le peuple canadien, me regardait d'un oeil de plus en plus désapprobateur. J'ai parlé dans mon premier livre, «À coeur ouvert» des efforts que j'ai faits pour sauver mon mariage, m'acquitter des obligations officielles et mener une vie que je ne pouvais finalement plus supporter. Je sais que je ne me tire pas très bien de cette histoire. Mais, comme je l'ai écrit à l'époque: «J'ai tenté au moins d'être honnête.»

Ces quelques mots m'ont valu de nombreux amis. Pendant l'hiver de 1974, le public avait réagi en ma faveur lorsque j'avais fait un séjour dans un hôpital psychiatrique; de la même façon, après la parution de mon livre au Canada, en avril 1979, bien des gens m'ont laissé savoir qu'ils m'approuvaient. J'ai reçu des lettres de parfaits inconnus qui avaient autrefois condamné ma conduite et qui disaient maintenant apprécier mon honnêteté, même s'ils ne pouvaient approuver ma conduite. Quel répit pour mon amour-propre! J'étais depuis des années l'objet d'une critique vigilante et implacable. On me félicitait maintenant d'avoir dit la vérité. Cela me donna de l'espoir.

J'en avais besoin. L'échec de mon mariage m'avait plongée dans un abîme d'explorations et d'aventures. Je m'accrochais aux gens, aux emplois, aux drogues, avidement, avec désespoir. J'ai toujours été déçue. Je n'arrivais pas à donner de poids ou de valeur à quoi que ce soit. Je me demandais souvent comment je ferais pour continuer. C'est alors que j'ai compris que mes années de mariage avec Pierre avaient été relativement faciles; même si nous avions rarement été tout à fait heureux, même si nous nous étions souvent disputés et même si nous avions tout fait pour nous détruire l'un l'autre. La maison de campagne au lac, les bonnes, les agents de sécurité, la certitude absolue que mes trois garçons seraient vêtus, nourris et élevés convenablement... c'était ça le bon temps.

Ce qui m'arriva lorsque je quittai Pierre au printemps de 1977 était pire encore. Je menai pendant un long moment une double vie; Pierre et moi étions à la fois mariés mais loin l'un de l'autre au point d'en venir à une cruauté mutuelle. J'étais évidemment libre de faire ce que je voulais et pourtant je me sentais plus que jamais prise au piège puisqu'il gardait les enfants. J'étais libre d'aller n'importe où mais je ne pouvais aller nulle part car Pierre refusait de me donner de l'argent et j'étais trop fière pour demander à mes parents de m'aider.

Je crois, j'espère, que tout cela est désormais chose du passé. J'ai une nouvelle vie, une nouvelle entente avec Pierre et, ce qui compte encore plus, nous nous sommes mis d'accord pour l'éducation de nos enfants. Nous sommes coparents et nous partageons toutes les décisions qui affectent nos fils. Les garçons passent alternativement une semaine avec moi et ensuite avec Pierre et nous nous respectons l'un l'autre en tant que parents.

J'espère aussi qu'en décrivant les dernières années, en parlant des choses que j'ai faites et des risques que j'ai pris, pour me donner une vie nouvelle, je pourrai aider d'autres personnes qui, comme moi, luttent contre la confusion et la méfiance personnelle. D'autres qui ressentent un urgent besoin de tracer leur propre ligne de vie; une ligne de vie qui ne soit ni dictée ni dominée par les autres et où il n'y ait ni oppression ni d'exploitation.

Une fois de plus, je n'ai pas de quoi me vanter. Une fois de plus, j'ai tenté d'être honnête.

2
La grande vie

V ERS la fin du printemps de 1977, je décidai après de longues heures d'angoisse, de choisir mon indépendance aux dépens de mes promesses de mariage. Je m'étais déjà rendue compte, deux ans plus tôt, que la vie que je menais ne me convenait pas; deux ans pendant lesquelles je me couchais la nuit, murmurant en moi-même: «Pierre, je t'en prie, accorde-moi le divorce», tout en n'osant jamais le dire tout haut.

Pierre réagit avec calme à ma décision. Il était triste mais conciliant. Il n'y eut ni colère, ni désordre, ni tension. Pour le moment, tout cela était derrière nous. Il connaissait la réalité plus que moi sans doute car il était beaucoup plus mûr que moi. Mais il devait aussi se rendre compte que l'heure de mon départ avait finalement sonné, que je devais partir (comme il disait, «à la recherche de ma propre vérité»), et que cette situation faisait partie de mon évolution personnelle. Ce départ me montrerait peut-être, espérait-il, le chemin qui me ramènerait à lui.

Nous n'avons rien dit aux enfants. Justin n'avait que six ans, Sacha quatre, et Michel à peine deux: nous leur avons dit que j'allais chercher du travail et que je reviendrais à la maison aussi souvent que possible.

Aux yeux du monde, mon nouveau départ du 24 Sussex, n'était rien de plus qu'une autre «petite évasion»; une coutume établie entre Pierre et moi dès les premiers jours de notre mariage lorsqu'il devint évident que j'avais parfois besoin de m'échapper de l'ambiance claustrophobique de la vie officielle. Généralement, je passais des séjours de deux ou trois semaines dans ma famille ou chez de bons amis, là où j'étais connue et appréciée à ma juste valeur. «Mme Trudeau s'envole vers New York». Et puis? Ce n'était pas la première fois.

Je ne suis pas fière de ma première année de séparation. J'allais à la dérive, de dépression en dépression, m'attirant des ennuis avec les médias qui ont affecté non seulement ma réputation au Canada mais aussi l'avenir politique de Pierre. Je fus mêlée à un scandale impliquant le chanteur des Rolling Stones, Mick Jagger; je fis plusieurs voyages, pas tous respectables; je suivis des cours de théâtre et je devins photographe; je nouai des relations personnelles qui se sont aussitôt dissipées. Ce fut une année bourrée d'expériences dont plusieurs ont déjà été mentionnées dans mon premier livre «À coeur ouvert». Je ne vais pas les raconter à nouveau.

Ce que je recherchais avant tout, c'était l'indépendance économique, car Pierre, si tendre et généreux à bien des égards, a un point faible: il est avare de son argent. Les factures seraient payées tant que je resterais au 24 Sussex. Pour le reste, vêtements, voyages entre amis, carrière, je devais me débrouiller seule. Je le suppliais depuis longtemps de me donner juste assez d'argent pour m'acheter une petite maison en briques rouges où je pourrais élever mes fils et posséder ce que possède toute autre épouse ou mère: mon propre foyer. Ce n'était pas parce que je n'aimais pas le 24 Sussex, c'était seulement que je m'y sentais prisonnière, comme une visiteuse sans autorité et sans liberté. Ce n'était même pas que je voulais abandonner Pierre pour de bon, mais il était si jaloux qu'il faisait comme si je lui avais demandé de me payer un nid d'amour.

Une fois prise la décision de partir, je ressentis soudain

un incroyable soulagement, voire une allégresse. Mais au fond, j'étais profondément anxieuse, prise de terreur à l'idée que peut-être je ne réussirais pas à voler de mes propres ailes. Cependant, j'ai toujours su cacher ce qui se passe au fond de moi, aussi ai-je banni du champ de ma conscience toute suggestion voulant que je refusais de faire face à mes échecs: à Pierre, à mon mariage, à mes enfants.

En réaction et puisque les enfants étaient choyés au 24 Sussex par des nurses affectueuses et fiables, je décidai de me concentrer sur moi-même, sur mon bonheur et sur mon avenir, de façon parfaitement égoïste. Je voulais me retrouver, redevenir celle que j'avais été avant de devenir cette femme brisée par des années de vie officielle. Lorsque je l'aurais retrouvée cette femme, peut-être pourrais-je revenir à la maison en toute paix.

Je suis donc partie chercher fortune, à l'aide de travail ou d'amis, et cette évasion s'avéra très importante. J'étais partie en quête de liberté et je ne m'aperçus que beaucoup plus tard que cette liberté que j'avais trouvée était tout à fait illusoire. Je croyais l'avoir trouvée pour de bon. Elle ne dura que quelques mois.

Ma première escale fut New York. On m'avait laissé entendre que je pourrais peut-être trouver du travail au sein d'un groupe de photographes que je connaissais. De plus, il y avait là un appartement à ma disposition: une connaissance de Houston m'avait demandée de prendre soin d'un luxueux appartement, à peine meublé, sur Park Avenue, jusqu'à ce que les décorateurs emménagent.

J'adorais New York. J'y avais plusieurs amis, ma boîte de nuit préférée, le Studio 54, et, pendant les quelques premiers mois, le parfait compagnon, Bruce Nevins, le millionnaire français des eaux minérales que ses amis appelaient «M. Perrier». Bruce était beau, chaleureux, tendre... mais il s'est aussi révélé célibataire endurci... Je passai donc mon chemin et je trouvai bientôt un nouvel homme, Tommy, un véritable cow-boy du Texas en bottes à talons hauts et chapeau.

Par un beau matin d'avril 1978, environ une année après mon départ, un éditeur américain établi à Londres, John Marqusee, de Paddington Press, m'appela. «Cela vous intéresserait-il d'écrire vos mémoires?» dit-il. Il voulait me faire venir à Londres en Concorde, à ses frais, et discuter d'un projet. Je fis mes bagages et partis voir ce qu'il en était.

John me rencontra à l'aéroport. À mon arrivée, je le cherchais des yeux quand j'aperçus un homme bien mis, trapu, quelque peu bedonnant. Il s'avança vers moi. Son allure était indéniablement anglaise, complet de tweed, petit chapeau, mais son accent était incontestablement américain. «Prenez-vous la pillule?» me demanda-t-il en guise de présentation. Même moi, j'en fus choquée. J'appris plus tard qu'il avait remarqué que je fumais et qu'il savait que l'usage conjoint du tabac et de la pillule pouvait mener à des troubles circulatoires. Mais c'était une bien curieuse présentation et cette familiarité désinvolte aurait dû me mettre sur mes gardes.

Les Marqusee faisaient des pieds et des mains pour me plaire: limousine à l'aéroport, hôtel de choix, grands restaurants et, qui plus est, admiration. Je commençai à me sentir bien dans ma peau. Je rentrai à New York, contrat en main.

J'étais loin d'être sur mes gardes. Je n'ai pas songé un instant aux conséquences que pourraient avoir la publication de mes histoires; de toute façon, John m'avait persuadée que mon livre n'en serait pas un de révélations sordides, mais bien un document d'importance historique considérable, une sorte de commentaire sur la société moderne. De plus, un livre pouvait m'apporter l'argent (en guise de justification je disais que c'était une pension alimentaire) qu'il me fallait pour aller à Ottawa acheter la maison que Pierre me refusait et dans laquelle j'élèverais mes trois fils. Cet argent devait aussi me permettre de fuir New York où j'avais l'impression de sombrer dans un abîme sans fond.

En mai, je suis retournée à Londres. Cette fois, Tommy m'accompagnait mais nous ne logions pas au même hôtel: lui était au Brown's, moi au Montcalm. Tommy avait, avant que je le connaisse, l'apparence d'un dieu grec: grand, énergique, terriblement beau. Puis un jour, le petit avion dans lequel il voyageait avec son oncle au-dessus de la jungle colombienne s'écrasa. Il fut sévèrement brûlé au visage et aux mains. Il avait la figure marquée de plaques de peau greffée et une main tellement ravagée qu'il portait toujours un gant de cuir. Ce qui chez lui m'avait d'abord attirée, c'était son extrême jeunesse (il n'avait que vingt-trois ans) et les blessures que nous partagions: les siennes étaient des brûlures physiques, les miennes des blessures morales infligées par Pierre et les médias.

Il représentait un monde tout nouveau pour moi; musicien rock, il m'initiait à une autre culture, une culture imprégnée de drogues et de sexe précisément au moment où je cherchais à m'échapper de la réalité de plus en plus pénible de mon détachement de Pierre. J'étais seule et je me sentais brisée, et voici que se présentait à moi un cow-boy mince, riche et musclé qui m'enlèverait et me ferait voir de meilleurs horizons.

C'est alors que commença une nouvelle page de vie mondaine. Ce n'était plus la vie des boîtes de nuit new-yorkaises, du nitrate d'amyle, des jours perdus, des Halston, des Andy Warhol et des Truman Capote. Mais ce n'était guère mieux. Je pensais avoir laissé les drogues derrière moi aux États-Unis. Je m'aperçus qu'elles m'avaient suivie à Londres. Une clique de jet-setters minables et tristes gravitait autour de Tommy, avide de parties et plus encore de drogues. Nuit après nuit, je me retrouvais dans l'un ou l'autre des luxueux appartements de Belgravia en train de regarder la queue qui se formait à la porte de la salle de bains. J'avais essayé de me passer des drogues mais ce n'était pas toujours facile si l'on considère toute l'incertitude que je ressentais devant le cours que prenait ma vie. Je voyais aussi tous ces gens tituber vers la salle de bains pour en ressortir quelques minutes plus tard, euphoriques, dynamiques et remplis de confiance. Je n'ai pas toujours su résister.

Comme j'aurais aimé pouvoir attribuer toutes mes erreurs à la cocaïne, allégeant ainsi le fardeau de ma conscience. Mais, en toute sincérité, je ne peux le faire. Je puis par contre affirmer que la cocaïne est une drogue sociale très coûteuse. Elle a eu un effet des plus néfastes sur ma vie. L'abus de cette drogue m'a non seulement débilitée physiquement (je suis devenue très maigre et tendue), mais elle a aussi créé en moi un sentiment d'hostilité et de paranoïa et m'a poussée à dire certaines choses, surtout lors de mon retour à Ottawa, que je n'aurais normalement jamais dites à personne. Sous l'influence de la cocaïne, je devenais vantarde, odieuse et rebelle. Ce que j'aimais surtout de cette drogue, c'était de pouvoir en camoufler l'usage, alors que l'odeur de la marijuana est difficile à masquer. Mais c'est son insidieuse disponibilité qui aura causé ma ruine. Je m'aperçus bientôt que je n'éprouvais aucune difficulté à m'en procurer où que je fus.

Je crois maintenant que ma faiblesse pour la cocaïne est à l'origine d'un mythe que l'on a propagé à mon égard et qui plus tard a grandi hors de toute proportion: que je souffrais de psychose maniaco-dépressive. Avec la coca, je prenais du Valium… la cocaïne me remontait, le Valium me ramenait sur terre. Toutefois, le Valium faisait beaucoup plus encore. Il me déprimait et me mettait à plat, beaucoup plus que je ne l'aurais été naturellement. J'avais donc un réel besoin de cocaïne pour redevenir exubérante et euphorique. Plutôt que de résoudre ma rage intérieure, je préférais faire appel à ces hauts et ces bas artificiels, en en prenant sans cesse davantage afin d'établir un équilibre. Plus tard, quand j'ai voulu dire aux médecins que mon apparence maniaco-dépressive était due aux drogues que je consommais, personne ne voulut m'écouter.

La vie avec Tommy était passionnante mais il ne m'aida aucunement à retrouver ma stabilité. Il aimait veiller toute la nuit en mangeant du caviar et en sablant le champagne, puis dormir toute la journée. Je n'avais pas toujours assez de résistance pour le suivre. Un soir, après un dîner d'amis, il était minuit et je croyais la soirée terminée; j'avais hâte de dormir et je me suis donc glissée dans le lit de Tommy dans son appartement au Brown's tandis que les autres continuaient à boire dans la chambre voisine. Vers l'aube, Tommy me réveilla en me secouant:

«Viens-t'en Maggie, réveille-toi. On veut manger.»

«Appelle le service aux chambres», répondis-je en grognant.

Il s'esclaffa. «Justement. Le Brown ne fait plus de service. Le Montcalm, si. Nous y allons tous.»

Je protestai.

«Bon, si tu ne veux pas venir, nous y allons quand même.» Puis il ajouta avec une pointe de menace, «Allez, lève-toi, femme.»

Sentant bien le désastre possible, je m'habillai sans mot dire et, furieuse, je conduisis le groupe au Montcalm. Sans être ravie de nous voir, l'administration consentit à nous faire monter des bouteilles de scotch, de rye et de vodka, ainsi que les six steaks que Tommy avait commandés. Quant à moi, j'ôtai les couvertures du lit et me couchai dans la baignoire. Le service aux chambres avait bel et bien répondu à l'appel mais avait envoyé une note de deux cents livres.

L'attitude de Tommy à l'égard de l'argent m'ébahissait. Les poches de ses jeans étaient bourrées de billets de cent dollars qu'il sortait à tout moment en éparpillant des billets un peu partout. Partout où il passait, il voyait des choses dont il avait envie. Quand il s'installa dans son appartement au Brown's, il décida qu'il n'aimait pas l'appareil radio et sortit s'acheter une chaîne stéréophonique complète, avec amplificateur et enceintes, qu'il paya cinq cents livres. Et il n'y restait que quelques semaines.

Son attitude était contagieuse et plus tard s'avéra ruineuse. Nous avions des quantités illimitées de champagne, plus de caviar que je ne pouvais en manger, et, quand nous étions à mon hôtel, c'était moi qui payais. «Je m'occuperai de toi, chérie», disait Tommy, mais cette offre s'accompagnait d'une menace: «Je te ferai faire ce que je veux». De toute façon, je n'étais pas fauchée. Les Marqusee n'étaient que trop ravis de me renflouer en me pressant d'accepter des enveloppes d'argent dès que je le leur demandais, et en faisant tout pour m'amadouer.

Désireuse de suivre l'exemple de Tommy, d'imiter le style de mes amis nouveaux riches et surtout grisée par mon nouveau pouvoir d'achat, je dépensais sans compter. La chance me souriait, j'étais arrivée… il ne restait qu'à m'habiller de neuf. J'errais donc quotidiennement dans les magasins. D'habitude, je me rendais d'abord chez Brown's, rue South Malton, puis rue Bond. Je n'avais que l'embarras du choix. Avais-je envie d'un ensemble Chloë ou d'un manteau Ungaro? Des souliers Charles Jourdan? Une robe en soie signée Yves St-Laurent? Une montre de Aspreys peut-être? Je n'hésitais pas à dépenser deux mille livres en un seul périple. Bien sûr, je gaspillais de l'argent que je n'avais pas encore gagné; mais ne travaillais-je pas d'arrache-pied à mon livre?

Si je ne me prélassais pas dans un hôtel de luxe (mes séjours londoniens se passaient désormais au Savoy), je dînais au Connaught (mais en réalité je mangeais si peu que je m'émaciais), ou je traversais l'Atlantique en Concorde. Rien comme le Concorde pour nourrir vos illusions de grandeur. Je n'ai même pas bronché lorsque je découvris l'ex-Beatle Ringo Starr en face de moi et l'étoile de tennis, Jimmy Connors, juste derrière moi. Ne faisais-je pas partie du Concorde-set? J'oubliais pourtant que n'importe qui peut s'acheter un billet de Concorde, et que cet argent n'était pas un cadeau qu'on m'offrait mais qu'il était porté au débit de mes futurs droits d'auteur.

Peu après notre arrivée à Londres, Tommy et moi avions rencontré Mark Shand, un charmant célibataire dont la mine jeune et sportive, l'oeil étincelant et l'ineffable galanterie me séduisirent aussitôt. Sorte d'Errol Flynn moderne, il possédait une maison à Bali et faisait fortune dans le commerce des objets d'art. Il vendait à ses riches amis des petits oeufs Fabergé qu'il portait dans ses poches. Mark n'a pas été mon amant; il faisait plutôt jeune premier charmant avec beaucoup de flair. Je n'ai jamais oublié le jour où il est venu me chercher dans sa Range Rover couverte des fientes des paons qui rôdaient dans les jardins de sa résidence de campagne. C'est grâce à Mark que j'ai connu les Summers. Martin et Nona Summers sont les doyens du jet-set international à Londres. La première fois que je leur fus présentée, ils vivaient encore leur lune de miel, et, dès le début, j'admirai et enviai leur relation, leur façon de se traiter avec tant d'égards et d'amour. Martin était le prototype de l'aristocrate anglais sobre: intelligent, élégant et honnête. Nona, sa seconde épouse, en était l'antithèse. Rousse échevelée, excentrique et mondaine, elle s'acharnait à transformer la vie tranquille de son mari en fête exotique. Nona avait un coeur d'or et une merveilleuse pointe d'espièglerie: elle aimait organiser les rencontres, les observer, et provoquer le changement autour d'elle. Mais surtout elle aimait les parties et aimait s'amuser.

Plus les manières et le machisme de Tommy me désenchantaient, plus je recherchais la compagnie des Summers. Leur style m'était irrésistible. Ils savaient s'amuser sans recourir aux drogues. Ils s'aimaient, ils ne manquaient ni d'argent ni d'amis et travaillaient ferme tous les deux: elle était chroniqueuse de la mode et de la vie mondaine pour le magazine «Town and Country»; lui était conservateur à la Galerie Lefèvre, rue New Bond. Comment ne les aurais-je pas enviés?

Je passai de nombreuses soirées en leur compagnie. Je me réjouissais de leurs dîners passionnants et agréables comme ceux que j'aurais souhaité passer avec Pierre et auxquels étaient conviés les meilleurs acteurs, les meilleurs sculpteurs, les meilleurs écrivains. Parfois, c'était moi qui faisais la cuisine, comme par exemple le soir où est venu Superman, Christopher Reeves, et où j'ai préparé de l'agneau aux fines herbes avec une sauce au yaourt et aux concombres. Mais ce fut peine perdue car Superman, victime de la grippe, refusa de manger et préféra se regarder en interview à la télévision. D'autres fois, j'écoutais les merveilleuses conversations qui m'entouraient ou je m'esclaffais des histoires comme celle que me raconta Franco Rossellini, coproducteur du film «Caligula», sur le fait qu'il avait expédié à l'écrivain Gore Vidal un magnifique écrin florentin rempli de crottin après que celui-ci eût dénigré le film dans la presse.

Un soir, après un concert de Bob Dylan, Nona, qui le connaissait depuis quelque temps, l'invita à ramener quelques amis à prendre un verre. Nous attendions au maximum une demi-douzaine d'invités. Vers onze heures, on sonna et lorsque Martin ouvrit pas moins de trente-cinq personnes se présentèrent. Bob avait amené sa suite, ses techniciens, ses musiciens, et avait même loué un autobus pour les transporter. Ils attaquèrent la maison comme des assoifés et Nona (désormais furieuse) et moi en fûmes bientôt réduites à fouiller les vieux sacs de voyage à la recherche des petites bouteilles de Courvoisier. Quand ils partirent, il ne restait plus une goutte d'alcool.

Les femmes invitées chez les Summers devaient être jolies: c'était la règle. Jeunes, aguichantes, disponibles. On retrouvait constamment les mêmes petites mignonnes dans toutes les soirées infailliblement accompagnées d'un nouvel homme, toujours souriantes, éternellement présentes. Nona, vêtue de son pantalon de léopard ultra-collant et de son t-shirt marrant, était la vedette du spectacle auquel ne manquaient jamais les personnalités telles que Bianca Jagger, les fils de Stavros Niarchos, Philippe et Spiro, ainsi que la plupart des vedettes de cinéma en tournage à Londres.

J'avais l'impression de sortir d'un vieux placard. Pierre m'avait toujours fait savoir que si l'on s'intéressait à moi, c'était uniquement parce que j'étais sa femme. On lui donnait tort. Nona faisait ressortir mes qualités: elle était infiniment plus scandaleuse, plus vivante et plus folle que je n'aurais jamais osé être et je me sentis bientôt emportée par un vent d'enthousiasme pour la vie.

De toutes mes rencontres chez les Summers, Bianca Jagger fut sans doute la moins heureuse de me voir. Nos rapports étaient plutôt froids depuis cette histoire des Rolling Stones l'année précédente à Toronto. Des amis m'avaient affirmé que Mick lui avait dit qu'il ne s'était rien passé entre nous mais elle persistait à croire que je l'avais cocufiée aux yeux de tous.

Mais la question n'était pas aussi simple. Nous partagions un trait: notre notoriété, et je m'attristais de voir que nous ne dépassions pas la simple jalousie féminine. Après tout, nous cherchions toutes les deux à échapper à notre passé. Elle aurait voulu tout simplement effacer le sien comme s'il n'avait jamais existé, mais moi, je savais mieux que quiconque combien cela était impossible, qu'il fallait composer avec le passé. Mick l'avait sauvée d'une enfance appauvrie en Amérique latine. Pierre m'avait sauvée aussi, mais de quoi? De la médiocrité peut-être. Mais nous cherchions quelque chose, elle et moi. Mais quoi?

En même temps, je ne pouvais m'empêcher de l'envier quelque peu. Contrairement à moi, Bianca était cossue. Elle menait à Londres une vie très indulgente, entourée de domestiques et parée des vêtements les plus scandaleusement chers et inhabituels. Elle savait en profiter. Pourtant, en voyant son comportement absurde, je me disais que ses chances de survie étaient aussi minces que les miennes.

Mais derrière les masques, j'étais perdue et déracinée. Les soirées et les rencontres m'avaient appris une bonne leçon, que je pouvais de nouveau voler de mes propres ailes. Mais seule le soir ou très tôt le matin, je pleurais. Toute la culpabilité que je ressentais face à mon train de vie remontait à la surface. Je pensais aux enfants. Ils me manquaient atrocement et je m'inquiétais de tout ce qui pouvait leur arriver pendant cette absence où je ne pouvais pas les consoler. Les nurses seraient en colère ou Pierre trop sévère. Et je ne cessais de répéter en mon for intérieur: «Il faudrait que je sois là, il faudrait que je sois là».

La fête se mit donc à me peser, je ne parvenais plus à y attacher d'importance. Et comme je me convainquais toutes les deux semaines que mon coeur m'attendait à Ottawa, je rentrais à la hâte, rêvant que Pierre aussi m'y attendait les bras ouverts. Mais je le retrouvais aussi pressé, aussi détaché, aussi désapprobateur que jamais. Mon rêve si brutalement interrompu, je rejoignais ma bande joyeuse. Nona avait raison de dire de moi: «C'est bien Margaret. Tantôt on la voit, tantôt on ne la voit pas». Car je réintégrais leur monde, m'y impliquais, et repartais aussitôt.

Je commençai à ressentir une certaine amertume. La vie que menaient mes amis ne comportait aucune inquiétude: ils étaient deux pour y faire face, ils étaient riches et ils étaient en outre intelligents et responsables. Je ne m'empêchais plus de me sentir relativement défavorisée; il y a quelqu'un en moi qui a toujours voulu connaître la vraie richesse, posséder trente-six paires de souliers et conduire une Bentley.

Je commençais donc à en vouloir à Pierre, à cause de son argent, de sa petitesse, et de sa façon de s'approprier les enfants. Voyageant entre Ottawa et Londres, entre la vie familiale et la vie mondaine, je devins de plus en plus hostile et paranoïaque et une rage immense se mit à couver en moi. Ma santé se détériorait rapidement. Je souffrais de maux de tête ainsi que d'un ulcère qui s'aggrava au point que je ne pouvais presque rien manger sans douleur. Du fond de ma détresse, je commençais à croire que Pierre m'avait expulsée, qu'il avait souhaité mon départ, ma mort. Cette idée me blessa au plus profond de mon être; je croyais avoir perdu tout ce qui m'était cher.

Durant l'été de 1978, Nona et Martin s'installèrent dans une nouvelle résidence. Elle devait devenir le jardin des délices du tout-cinéma. Ils avaient transformé quatre maisons de ville en une seule autour d'une immense salle de séjour drapée de tissus orientaux dans la forme d'une grande tente arabe décorée d'objets inestimables. Au-dessus, une énorme tabatière laissait pénétrer la lumière du jour que tamisaient des tentures à commande électronique; le tout donnait l'ambiance d'un somptueux palais des mille et une nuits. Des céramiques et des bronzes exquis étaient placés çà et là sur des tables en chrysocale; des arbustes bourgeonnants et des palmiers grandeur nature évoquaient l'Orient; une luxueuse chaîne stéréo sussurait romances et ballades apaisantes. Jamais je n'avais vu appartement aussi exotique et plus séduisant. Martin, excellent jardinier, a depuis recouvert le toit de centaines de plantes et de fleurs, toutes roses.

Juste avant de déménager, les Summers donnèrent une dernière soirée. Tout le beau monde y était: Terence Stamp, Margot Kidder... une foule de gens. Ainsi que Jack Nicholson. Il me tomba immédiatement dans l'oeil: l'éclair reluqueur de ses yeux, son sourire narquois que je connaissais bien pour les avoir vus et revus dans ses films.

Après le dîner, les Summers suggérèrent d'aller danser dans une discothèque appelée «Tramps». J'avais déjà une idée derrière la tête: j'allais faire la connaissance de Jack Nicholson. Mais comment me débarrasser de Tommy? J'en glissai mot à Nona. Elle rejoignit les autres. «Allons-y», dit-elle en les tirant de leur fauteuils et en décidant des compagnons de route de chacun et des voitures à prendre. En un clin d'oeil, tout fut réglé. Jack et moi nous étions cachés dans la cuisine jusqu'à ce que partent les autres dans l'espoir que la confusion masquerait notre absence.

La tactique paraissait réussir. Nous entendîmes s'éloigner le dernier taxi, nous sortîmes sur la pointe des pieds et courûmes jusqu'à la nouvelle résidence. Sauf la salle de séjour où nous attendaient la tente et des coussins de duvet, elle n'était qu'à demi construite. Nous nous y rendîmes approvisionnés d'une bouteille de vin qui se trouvait dans le hall.

Je ne me souviens plus très bien de quoi nous avons parlé, mais je me rendis vite compte que Jack, homme honnête et prévenant et qui savait me faire rire, constituait sans doute le premier véritable rival de Pierre. C'était un moment passionnant. Jusqu'alors et malgré mes efforts, je n'avais rencontré d'homme qui pût, à mon sens, remplacer Pierre.

J'aimais ses manières correctes, sa voix lente et douce. Je devais être un peu distraite lorsqu'il me parla de l'actrice

Angelica Huston, la femme qu'il aimait et qui devait sous peu le rejoindre à Londres. Bientôt, il y eut des coups furieux à la porte. À contre-coeur, Jack ouvrit. C'était Tommy. Je le suivis docilement.

Quelques jours plus tard, d'autres amis invitèrent une vingtaine d'entre nous à dîner dans un restaurant russe où ils avaient réservé au sous-sol une salle privée, rouge vif. On nous servit des blinis, du caviar et de la vodka à profusion. Jack était de la partie et se mit bientôt a badiner agréablement avec moi. Je me rendis à l'évidence: j'étouffais avec Tommy et je désirais Jack.

Il s'ensuivit alors une folle randonnée aux petites heures du matin qui nous mena à travers les rues de Londres. Comme je venais de manifester le désir de prendre l'air, j'allais descendre dans la rue lorsque Jack me proposa de m'asseoir dans sa Daimler qui était garée juste devant la porte et où l'attendait son chauffeur, George. Dehors, nous avons comploté: Jack rentrerait et dirait aux autres que son chauffeur me raccompagnait au Montcalm parce que je me sentais faible. George, pour sa part, contournerait le coin jusqu'à ce que les autres soient partis, puis reviendrait prendre Jack.

Nous ne comptions cependant pas avec Tommy. Lui et Jack sortirent ensemble. De notre cachette, George et moi voyions les gesticulations que faisait Jack pour nous signifier la confusion totale. Puis, ils hélèrent un taxi et y montèrent. Quand le taxi arriva à hauteur de notre cachette, je me cramponnai afin de me soustraire aux regards indiscrets. George embraya et nous les poursuivîmes.

À mon grand soulagement, Jack déposa Tommy à l'hôtel Brown's, attendit qu'il se fût faufilé au-delà des portes battantes, paya le taxi, et nous rejoignit. Ce soir-là, assise derrière l'imperturbable George, je découvris tout l'espace que recèle le fond d'une Daimler.

Dès lors, je passai des heures avec Jack. Il tournait «The Shining» et passait ses journées sur les lieux de tournage. Mais le soir il rentrait à Londres où il avait loué, rue

Cheyenne Walk, l'une des meilleures rues de la ville, une résidence donnant sur la Tamise.

Après l'histoire de la Daimler, Tommy avait compris et plié bagages. J'en avais simplement perdu le goût et je me désillusionnais de mon cow-boy sans cheval. Il m'avait pourtant beaucoup apporté. Grâce à lui, je me sentais de nouveau jeune et sexy. Il m'avait permis d'oublier mes ennuis et de comprendre qu'il valait mieux être jeune et se tromper en faisant face à ses erreurs que de s'aigrir. Mais comme il m'arrive si souvent, j'attendais trop de lui et notre liaison était désormais finie.

Avant de rencontrer Jack, j'avais été impitoyablement harcelée par les journalistes. Je ne pouvais me montrer nulle part sans qu'on m'importune pour une photo ou un interview. Je refusais tout dans l'espoir de les décourager. De cette façon, à ma descente d'avion, je ne serais pas confrontée à une flopée de journalistes avides, mais je n'ai pas eu grand chance. J'avoue avec un certain recul que mon comportement d'alors, qui me paraît désormais même à moi bête et provocateur, ait pu les attirer: comme de rentrer d'une partie juchée sur le rebord de la fenêtre arrière de la voiture ou le fait que j'entrais et sortais de mon hôtel à des heures impossibles.

Mais Jack était un obsédé de la discrétion et il m'apprit à me déplacer plus calmement et moins publiquement dans les rues de Londres. Nous passions la plupart de nos soirées chez lui, et, à l'occasion, nous allions au cinéma avec des amis et j'assistai un jour à la projection de son dernier film, «Goin' South».

Un soir, ayant oublié ses clefs, Jack escalada le mur élevé qui entourait son jardin pour sauter dans la cour. En tombant, il se blessa au dos. Ce n'était pas grave mais il dut rester allongé sur une chaise longue pendant quelques jours; ainsi installé dans la salle de séjour, il réunissait sa cour d'amis, tous raffinés et intelligents, et venus d'un autre monde qui me plaisait.

C'était lors d'une de ces réunions qu'on me raconta pour la première fois l'histoire de Frances Farmer, femme dont la vie ressemblait étrangement à celle du personnage qu'incarnait Jack dans «Vol au-dessus d'un nid de coucou». Je jurai qu'un jour je décrocherais ce rôle dans un film. Diana Vreeland, la grande dame de la mode américaine, était de passage ce soir-là et elle et Jack se remémoraient la grande actrice qu'avait été Frances Farmer durant les années quarante et combien elle avait été maîtrisée par une mère tyrannique qui voulait en faire une grande vedette. On l'arrêta un soir pour conduite en état d'ébriété et afin d'éviter la prison, elle accepta d'invoquer la démence provisoire et donc de se confier aux soins de sa mère. Une année plus tard environ, elle voulait quitter le cinéma et se lancer en politique mais sa mère la fit enfermer dans un asile d'aliénés mentaux. On lui fit subir une lobectomie et finalement elle s'est suicidée.

Je compatissais aux souffrances de Frances Farmer. On l'avait fait souffrir à cause de sa trop grande intelligence, sa trop grande féminité et sa beauté. Il me semblait que la même chose m'était arrivé. Je savais fort bien que j'avais toujours été trop mignonne, trop sexy pour mon propre bien et que je pouvais toujours obtenir n'importe quoi et pourtant, j'étais bien forcée de me rendre compte qu'il ne suffisait pas d'avoir une renommée. Il fallait aussi pouvoir se justifier.

L'histoire de Frances Farmer était aussi très romanesque. Elle avait joué les premiers rôles durant les meilleures années de Hollywood. Mais ce n'était pas ce qu'elle recherchait. Son esprit éveillé et sensible l'empêchait d'accepter qu'on la traite en femme-objet. Et quand elle perdit la raison, il me semblait la comprendre, elle, sa rage, son amertume, et son sentiment de persécution. Je me voyais dans le rôle d'une Frances Farmer, d'une Jeanne d'Arc ou d'une autre héroïne tragique, car c'est en personnage tragique que je me vois.

Pendant ce temps, j'essayais d'oublier Angelica Huston. Tous les matins à mon réveil, j'entendais Jack commander au téléphone deux douzaine de roses rouges ou un arum qui seraient livrés à la maison qu'ils partageaient à Los Angeles, et tous les jours il me disait qu'elle devait bientôt arriver. Et pourtant, chaque jour, je m'attachais encore davantage à lui. J'adorais sa combativité, sa passion du travail, son humour mordant et sa façon de me faire rire.

Il me rappelait Pierre. Pierre s'est voué moralement corps et âme à son pays; Jack s'est voué de la même façon mais à un autre monde qui me fascine beaucoup plus, le monde des vedettes de cinéma, des Rolls-Royce et des conversations brillantes. Il était le premier homme qui fut même comparable à Pierre et je cherchais par tous les moyens à l'oublier.

Je me sentais en outre ensorcelée par Jack: il a un je-ne-sais-quoi de démoniaque, à la fois fort et tendre, et son succès le rend parfois extrêmement séduisant. J'ignorais si mes facultés me permettraient de le rendre heureux mais je commençais de sentir qu'il était de son ressort de satisfaire ma vie.

En juillet 1978, lorsque je retournai à Londres après une visite à Ottawa, Jack paraissait content de me voir mais ne tarda pas à m'apprendre qu'il venait d'acheter un Toulouse-Lautrec pour l'anniversaire d'Angelica qui tombait le dix du mois, date à laquelle il l'attendait sans faute. Les jours s'égrenèrent. Puis elle télégraphia qu'elle avait décidé d'aller chanter des ballades en Irlande avec Art Garfunkel. Jack était furieux. «Je ne savais pas qu'elle chantait».

Par une chaude soirée d'été je me rendis chez lui comme d'habitude. Nous dinâmes, causâmes, puis Jack me dit avec désinvolture: «Angelica arrive demain». Je m'y attendais en somme, mais ça n'empêcha pas de me faire un coup au coeur. Je me sentais accablée. Je me sentais ridicule. J'avais presque réussi à me convaincre que son prétendu amour pour Angelica n'était qu'une façade destinée à le protéger contre ses nombreuses admiratrices et qu'un jour je parviendrais à pénétrer jusqu'à son coeur. L'énormité de mon erreur ne constituait qu'une autre humiliation qui donnait encore plus de poids aux paroles mordantes de Pierre qui m'avait dit qu'on abuserait de moi, qu'un autre homme ne me donnerait jamais de bonheur, que j'étais trop jeune et trop éprise de moi-même pour connaître une relation véritable avec qui que ce fût. C'était lui qui l'avait dit mais j'étais désormais tentée d'en convenir: j'étais perdue. Je me sentais défaillir.

Nous avons fait l'amour toute la nuit. Le lendemain, Jack se rendit au travail et je rentrai au Savoy. Cet épisode m'avait ébranlée mais pas brisée. D'abord, mon livre avançait. En outre, je savais qu'il m'aimait bien et, puisque nous ne cohabitions pas, il n'y eut aucune douleur, aucun vide de séparation. J'avais grande envie mais non besoin de lui. Il n'en résulta qu'une baisse de mon estime personnelle.

Je n'ai pas revu Jack mais j'ai bien vu Angelica. Une des humiliations que m'infligeait sa présence était l'exclusion des soirées qu'ils fréquentaient en couple. Même Nona me téléphonait pour me dire: «Veux-tu venir ce soir? Jack n'y sera pas», mais me rappelait un peu plus tard pour me dire: «Désolée ma chouette, mais Jack y sera. Je sais que tu comprends…»

Juste avant mon départ, Nona m'appela de nouveau et ne me décommanda pas avant l'heure. J'avais passé un début de soirée indifférent car j'étais venue dans le but d'entrevoir la magnifique Angelica qui, disait-on, devait s'y présenter seule puisque Jack tournait. Après une demi-heure d'ennui assise sur le divan de duvet entre deux femmes mornes et un peu moches, je marmonnai mon désir de boire et me levai en quête de Nona.

«Mais où donc est Angelica? Ne viendra-t-elle jamais?»

Nona regarda autour d'elle en riant. «La voilà» dit-elle en désignant du doigt celle de mes deux compagnes qui était plus forte et plus ample des hanches.

Mais où donc se cachait la beauté aux longues tresses noires? La tentatrice magique aussi charmante qu'Hélène de Troie? Mon amour pour Jack m'avait fait attribuer à Angelica toutes les qualités féminines imaginables. Parce que son père était le réalisateur et comédien John Huston, l'un de mes héros, je m'étais imaginée un parangon spirituel et impeccable. J'avais au contraire sous les yeux une grande femme aux

cheveux courts, au nez aquilin et au regard ferme et vigou-
reux. J'avais peine à y dénicher ma rivale. Le temps, bien
entendu, m'a permis de découvrir en elle une fille bien et
d'avoir honte de ma jalousie.

Ce même soir, je rencontrai Jorge, un coureur automo-
bile péruvien. Il m'emmena dîner chez des amis de Belgravia;
ensuite chez Tramps, il me gava de champagne, et me déposa,
plein d'admiration mais sans plus, au Savoy. Le lendemain,
une douzaine de roses à tiges longues m'attendaient sur le pas
de la porte. Il me sembla alors que je nouais facilement des
relations mais que je m'en dénouais très péniblement. Je décidai donc d'écarter mes sentiments envers Jack, de ne pas
quitter Londres, et de me divertir sans lui. Mais j'étais devenue un peu plus blasée, un peu plus impatiente. Je parvenais
quand même à passer de bons moments mais ils se faisaient
plus rares. Impossible de cacher mon mécontentement.

Sabrina Guinness (une ancienne amie du Prince Charles),
Nona et moi fûmes alors invitées à passer un grand week-end
à Paris. Valentino, qui m'avait vendu ma première robe couture, donnait une soirée de gala suivie d'un grand dîner chez
Maxim's en l'honneur du ballet «La Dame de Coeur» qui
mettait en vedette Mikhail Baryshnikov. Les plus brillantes
étoiles de la mode devaient y être.

On défrayait le coût du voyage en plus de nous loger dans
un appartement luxueux de l'hôtel Meurice. Mais nul n'avait
prévu que notre présence éclipserait celle de toutes les autres
personnalités. Dès notre arrivée, les paparazzi déferlèrent sur
nous. Ils pullulaient autour de nous et les autres se sentaient
tellement délaissés qu'en fin de compte c'est moi qu'on accusa
d'avoir attiré tant d'attention.

Sans l'extrême gentillesse de Pierre Cardin, je serais revenue de ce week-end parisien profondément blessée par les
pointes acérées que me jetaient ceux-là mêmes qui m'avaient
invitée. Pierre se montra d'une politesse et d'une amabilité
infaillibles. Il s'extasia devant ma robe ravissante. Elle était
diaphane jusqu'à la taille sauf pour un empiècement dans le

haut. Quand je lui appris que j'avais emprunté l'idée à un costume de «Mort à Venise», il me félicita d'avoir trouvé un moyen si imaginatif d'éviter de préférer un couturier à un autre.

Remise d'aplomb par cette gentillesse, je fis un repas merveilleux chez Maxim's et fêtai toute la nuit. C'est Lauren Bacall qui me fit le plus grand effet. Elle s'est approchée de moi et a dit, tout simplement: «Comment vont Justin, Sacha et Micha?» J'étais abasourdie. «Mais comment connaissez-vous mes fils?» lui demandai-je.

Je n'oublierai jamais sa réponse. «J'ai suivi vos aventures. Vous êtes très brave et je vous souhaite les meilleures choses du monde. Mais il ne faut pas que vous perdiez vos petits garçons».

Le lendemain, comme je posais dans le Bois de Boulogne pour la photo-couverture de «À coeur ouvert» et toute ravagée que j'étais des excès de la veille, je ressassais ces paroles. Je songeais tristement au chaos de ma vie. Paris était merveilleux tout comme Londres l'avait été, et la plupart des gens que je fréquentais étaient doués d'une créativité exceptionnelle. C'était fascinant.

Mais l'échec de cette vie provenait de mon incomplétude. Ma personnalité n'était pas intégrée, je ne savais pas faire face à cette vie. Dans ces circonstances, j'étais déchirée, blessée et schizophrène, partagée entre mon travail et mon mari, entre mes enfants et moi-même, trop dispersée et inachevée. Je cherchais ce qui me compléterait. Je me sentis très lasse. Je fis mes malles et rentrai à New York, en Concorde, bien sûr.»

3
Point de mire

J'AI toujours pensé que les femmes devaient travailler. Dans ma famille, le travail était non seulement respecté mais essentiel. Lorsqu'il était ministre des Pêcheries dans le cabinet de Louis St-Laurent, mon père passait des heures longues et exténuantes dans son bureau à Ottawa, et se dépensait encore davantage chez lui, à Vancouver. Il était entendu que mes quatre soeurs et moi ferions carrière en sortant de l'université. Il avait même été question, alors que j'allais encore au high school, de me préparer à devenir cadre à la succursale locale du grand magasin La Baie d'Hudson. J'avais refusé cette offre préférant étudier les sciences politiques, la sociologie et l'anthropologie à l'université Simon Fraser de Vancouver. Avant d'épouser Pierre, j'avais eu un emploi de sociologue à la fonction publique d'Ottawa. C'était d'un ennui sans bornes mais au moins je travaillais.

Mon mariage jeta pourtant la confusion la plus totale sur cette question. Pierre et moi ne partagions guère la même conception du travail, surtout quand il s'agissait de moi. Il présumait que cela devait suffire d'être la femme du Premier ministre et que j'en avais bien assez de m'occuper des enfants et de vaquer à ses besoins. Comme il ne veut pas passer pour un phallocrate, il ne disait jamais: «Je ne veux pas que tu travailles,» mais il n'acceptait pas que je m'inscrive à l'université d'Ottawa pour faire une maîtrise en psychologie de l'enfance. Il me disait, «Les femmes mariées qui retournent aux études sont des désoeuvrées qui recherchent les jeunes hommes.» Sur ce point, Pierre se révéla à la fois abusif et jaloux. «Margaret, me dit-il un jour que je me plaignais de ma solitude obligatoire, tu as reçu une bonne éducation. Tu es parfaitement capable de lire et d'étudier. Tu n'as qu'à prendre les classiques, les Russes et les Grecs, ton manuel de psychologie, et les lire. Nous n'avons quand même pas besoin de l'argent que tu pourrais gagner.»

Dans les premiers temps du moins, j'étais moi aussi persuadée d'avoir une tâche importante à remplir au 24 Sussex. Je m'étais d'ailleurs engagée dans ce mariage en croyant ferme que je mènerais cette tâche à bien. J'y rêvais joyeusement durant les long mois où je m'y préparais. Je me voyais devenir l'hôtesse la plus charmante et la plus accomplie du pays; je serais un atout dans la vie politique de Pierre et j'apprendrais à diriger et à gérer un bon foyer familial.

Au début de notre mariage, on me demanda de patronner une multitude de bonnes oeuvres. C'était, paraît-il, le seul travail digne d'une épouse de Premier ministre. J'en refusai quelques-unes à cause de mon emploi du temps et parce que je ne souhaitais pas servir uniquement de prête-nom. J'acceptai cependant de faire un message télévisé pour l'Association canadienne de la santé mentale et je devins présidente honorifique de la section canadienne de l'UNICEF. Je regrettai plus tard ne pas m'y être consacrée davantage mais j'étais plutôt déconcertée à l'époque de voir comment l'attitude des gens changeait, comment ils devenaient guindés et nerveux dès que Mme Trudeau, l'épouse du Premier ministre, descendait de la voiture.

Bientôt, cependant, les tâches ménagères et les oeuvres charitables auxquelles j'avais prêté mon nom ne comblaient plus ma vie. Je m'ennuyais. Deux choses concourraient à miner mon rêve de créer le foyer parfait: ma répugnance croissante pour la vie officielle et l'efficacité du personnel qui rendait ma présence inutile. Une fois la maison décorée, les menus choisis, la routine des enfants établie, que me restait-il?

Nous nous sommes mis, Pierre et moi, à nous disputer au sujet de mon travail. Je le suppliais de me laisser retourner aux études. J'étais convaincue qu'il me fallait une formation spécialisée qui me permettrait de travailler avec les autres et, qu'une fois mes études terminées, je parviendrais facilement à ajouter un emploi à temps partiel à ma routine du 24 Sussex. Pierre refusa. Sa conception du rôle de la femme au foyer est pour le moins démodée. Il préférait que je sois dépendante de lui.

Il possède aussi des dons de persuasion extraordinaires. Il parvint à me subjuguer à force de flatteries en me disant combien j'avais de la chance et combien on avait besoin de moi à la maison, combien on m'aimait, et combien je trouverais difficile de faire les deux choses à la fois. Bêtement, je l'écoutais. De nature foncièrement paresseuse, le neuf à cinq ne me disait vraiment rien et j'ai donc capitulé et me suis mise à effriter mon temps sur la terrasse à regarder la rivière Rideau et à rêvasser.

Après quelques années, je trouvai une solution partielle à l'accaparement de Pierre et à mon impatient désir de poursuivre une carrière. En 1974, le roi Hussein et la reine Alia de Jordanie, connaissant mon mécontentement, m'offrirent un magnifique ensemble d'appareils photographiques. Je me suis donc mise à l'étude de la photographie. J'étudiai d'abord la photographie publicitaire sous la direction du photographe canadien bien connu, Sherman Hines. Je pris ensuite des cours de Rod McIvor, ami photographe à United Press International. Il m'enseigna les techniques de laboratoire dans les bureaux locaux de ce service de presse, et je suivais les photographes dans leurs reportages, au grand dépit de Pierre qui n'aimait pas que je fréquente les gens de la presse. Je pris ensuite un cours de photographie technique au collège communautaire Algonquin à Ottawa. J'étais heureuse. Cela me fit oublier pendant quelque temps qui j'étais.

Il n'est donc pas étonnant que je me sois tournée vers la photographie lorsque je cherchai du travail. John Dominis, directeur du service photographique au magazine «People» vint, de façon inattendue, à mon secours, au début de 1977. J'admirais énormément John. Excellent photographe de la faune africaine, il avait toujours un peu l'allure du chasseur blanc en safari. Lors de notre entrevue, il se montra très exigeant envers moi, m'indiquant clairement les normes de travail, et me faisant comprendre que si je voulais travailler avec lui, il fallait que mes photos soient professionnelles. C'était précisément ce que je cherchais. Un travail authentique, sans aucune concession.

Malheureusement, je n'avais pas compté avec l'aspect potinier du magazine «People». Dès que les rédacteurs prirent connaissance de mes tâches, ils dépêchèrent des journalistes à mes trousses pour rédiger un article à mon sujet sur les lieux mêmes de mon travail.

Je complétai trois photoreportages pour «People» en 1977. J'accomplis mon meilleur reportage lorsque John m'envoya à Philadelphie couvrir Duane Bobick, le boxeur qui devait affronter Ken Norton. Personne ne se doutait, par contre, que le match lui-même n'était qu'un montage publicitaire coïncidant avec la sortie du film «Rocky». Bobick ne se préoccupait guère de son entraînement ou de son jogging matinal mais s'intéressait énormément au placement de ses gains.

Dès cinq heures du matin, le jour du combat, je l'attendais devant sa demeure, prête à travailler. Lui, par contre, avait veillé tard en compagnie de son comptable. J'ai presque complètement raté le fameux combat: Norton envoya Bobick au matelas dès la première minute du combat qui n'avait duré que le temps qu'il fallait pour que Bobick gagne sa part des recettes.

J'avais néanmoins pu prendre quelques photos et elles étaient réussies. À ma grande joie, John en loua la technique et leur accorda deux pages. Le reportage portait pour seul titre: «Photos de Margaret Trudeau.» Mon premier boulot de petite photographe du magazine «People» était de bon augure.

Les deux autres reportages échouèrent. Le premier, sur l'empire des eaux Perrier de Bruce Nevins, était voué à l'échec dès le départ. Le second, un photoreportage sur Greenwich Village à New York n'avait finalement servi que de prétexte à un autre article méchant et cancanier à mon égard.»

C'en était fini entre «People» et moi. Je compris que je n'étais pas assez impitoyable pour devenir paparazzi et me jeter sur n'importe quelle nouvelle à sensations, ce qui était la seule façon de gagner sa vie dans ce milieu. Au prix d'une publicité personnelle, incessante et haineuse, cette existence n'en valait pas le coût.

Tout au cours du début de l'été 1977, j'attendais impatiemment la séance d'essai qu'on m'avait promis à l'émission de télévision «Good Morning America.» L'un des réalisateurs, Woody Fraser, m'avait en quelque sorte offert la possibilité d'un poste d'animatrice; mais moi-même je savais fort bien qu'à cette époque, j'étais loin de pouvoir passer pour une représentante respectable de la vie correcte de la classe moyenne américaine. Finalement, on me fit une offre qui devait me servir d'essai. Je devais causer de mes photos et en montrer quelques unes.

Les choses ne se sont pas tout à fait passées de cette façon. L'intervieweuse s'avéra offensante et hostile et s'intéressait beaucoup plus à Pierre qu'à ma technique photographique. Le magazine «People», l'émission «Good Morning America», tous préféraient le photographe à ses photos. On abusait de moi parce que j'étais l'épouse du Premier ministre. Comment échapper à ce sort? Que faire pour ne plus être un point de mire?

Ces deux premières expériences de travail me dégoûtèrent mais elles me permirent aussi de constater combien j'aimais le statut de vedette et combien il m'était essentiel d'y accéder non pas en tant qu'épouse mais de ma propre initiative. J'entrepris donc de devenir actrice, me joignant à un cours avancé très difficile que donnait Wynn Handman à New York. J'y appris deux leçons décisives: que pour devenir actrice de qualité il fallait travailler très fort et qu'il m'était impossible de me comporter comme une étudiante fauchée alors que j'avais à Ottawa trois enfants et une résidence officielle à diriger.

Ce cours d'art dramatique ainsi que mon début à l'émission «Good Morning America» me permirent néanmoins de décrocher mon premier rôle au cinéma. C'était en décembre 1977. Le réalisateur canadien Alexis Kanner me demanda si je voulais partager la vedette avec Patrick McGoohan dans un film intitulé «Kings and Desperate Men.» Il m'offrit trente mille dollars. C'était incroyable.

Même l'intrigue me plaisait. J'incarnerais Elizabeth Kingsley, épouse d'un acteur raté devenu animateur radiophonique contesté. Une bande de terroristes intellectuels nous enlèveraient, moi, mon fils, mon mari et un juge fédéral. C'était l'histoire d'une charmante petite fille riche et protégée qui découvre après une longue nuit de terreur que l'homme qu'elle a épousé n'est qu'un vulgaire coureur de jupons, un tricheur et un menteur.

Mais c'était justement la clef du problème. Je me suis mise trop facilement dans la peau du personnage. De plus, l'animosité naturelle et manifeste qui se développa dès le début entre Patrick McGoohan et moi n'aida pas les choses. Bien que j'avais depuis longtemps admiré ses yeux d'un bleu intense ainsi que ses talents de comédien, je ne l'avais jamais rencontré. Alexis nous présenta sur le plateau qu'on avait construit au dernier étage de l'hôtel Quatre-Saisons à Montréal où nous logions. L'apparence visiblement effrayée de ses yeux me surprit; peut-être était-ce la timidité mais il semblait profondément méfiant à mon égard. Nous n'avons alors échangé que quelques mots. Notre première véritable rencontre eut lieu plus tard le même jour et fut moins qu'agréable.

Lors de mon arrivée à Montréal, on m'avait offert le meilleur appartement de l'hôtel que j'avais refusé parce que j'étais consternée de vivre seule au milieu de tant de splendeur. Patrick voulut déceler dans mon choix d'une chambre plus petite un reproche moqueur de son propre appartement qui était immense et comme je passais devant sa porte il me demanda d'une voix vilaine: «Qu'êtes-vous venu faire ici, vous?»

«Je vais à ma chambre,» répondis-je le plus agréablement possible.

Il bouillonnait de mépris. Patrick McGoohan n'est pas mon genre d'homme: parfait dans le rôle, il lui ressemblait beaucoup trop en réalité pour être agréable; c'était un gros bourru au caractère effroyable.

Sentant la colère monter en moi, je m'arrêtai. «M. McGoohan, c'est la première fois que je fais du cinéma et je veux le faire correctement, alors, puis-je vous poser une question?»

Il se calma aussitôt, tout apaisé qu'il était par mes flatteries.

«C'est sans doute très important pour un acteur et une actrice de se respecter l'un l'autre, n'est-ce pas?»

Il fit signe que oui.

Je poursuivis. «En effet, je vous respecte en tant que professionnel mais dites-moi, est-il également nécessaire que je vous aime» Je veux dire, est-ce important?»

Il paraissait mal à l'aise et fit signe que non.

«Parfait. Car, M. McGoohan, je ne vous aime pas et ça ne changera pas.»

Le départ était mauvais. Je regrettai bientôt ma promptitude en voyant les médias se presser autour de moi tout en ignorant M. McGoohan. Au fur et à mesure qu'augmentait sa frustration, il se permettait de tailler à grands coups de couteau dans mon rôle. Chaque fois que j'avais une scène importante à jouer, il me faisait venir auprès de lui et, avec un gros crayon noir, rayait des répliques dans mon scénario.

Je sentis bientôt que le réalisateur et lui me faisaient marcher afin de me mettre dans l'état d'esprit du scénario. J'étais sensée jouer une femme terrifiée, confuse et blessée et je l'étais vraiment quand Patrick McGoohan avait fini de s'occuper de moi. Je me rappelais Candice Bergen qui avait tourné un film avec Lina Wertmuller et Giancarlo Giannini dans lequel ils lui tendaient des pièges et se jouaient d'elle comme un chat avec une souris afin de lui soutirer une composition brillante. Je savais que c'était chose courante mais cela m'insultait. Je leur répétais sans cesse: «Inutile de me faire pleurer, je sais pleurer. J'y arriverai bien seule.»

Notre dernière engueulade survint heureusement à la toute fin du tournage, la veille de Noël 1977. Nous devions filmer une belle scène de réconciliation dans laquelle j'exprimais tout mon désespoir devant ce qui était arrivé. L'ennui était que j'étais beaucoup trop immergée dans mon rôle pour croire à la possibilité d'une réconciliation avec ce coureur de jupons ivrogne et, de toute façon, Patrick McGoohan s'acharnait à ne me laisser aucune réplique.

La journée s'annonça mal. Il était parvenu à supprimer toutes mes répliques sauf «ça va.» Mais ayant rayé tout le reste, il oublia de rajouter cette réplique. Le tournage commença. Lorsqu'arriva le moment pour moi de dire «ça va», je restai muette. Il s'élança vers moi.

«Qu'est-ce qui se passe?»

«Rien,» répliquai-je. «Vous m'avez supprimé mes répliques.»

«Et qu'est-ce que vous faites du «ça va»?»

«Ça ne va pas,» répondis-je furieuse.

Nous quittâmes le plateau pour continuer notre querelle. McGoohan fulminait et criait qu'il me ferait renvoyer si je ne me pliais pas à ses ordres. «On peut te remplacer en un clin d'oeil, dit-il. Nous n'avons qu'à filmer de profil n'importe quelle jeune fille portant le même costume que toi. Il doit y avoir des douzaines de jeunes filles dans la rue Sherbrooke en ce moment qui pourraient faire ce que tu fais et bien mieux que toi.»

Il me restait une carte à jouer.

«M. McGoohan, sachez que rien ne me ferait plus plaisir que de pouvoir quitter ce plateau à l'instant même et ne plus jamais vous revoir. Mais sachez également que si je quitte ce plateau j'emporte avec moi mon imperméable parce que la plupart des costumes sont à moi et je vous promets que vous n'en trouverez pas un semblable la veille de Noël dans tout le Canada.»

Il se calma.

Malgré leur scepticisme de départ, la plupart des membres de l'équipe de tournage s'étaient pris de sympathie pour moi en voyant que je faisais de mon mieux pour apprendre à jouer mon rôle. Je passais des heures avec eux, m'intéressant aux aspects techniques du tournage. J'appris aussi beaucoup d'Alexis même si je trouvais un peu mégalomane sa façon de se prendre pour Orson Welles: à la fois vedette, acteur secondaire, scénariste et monteur. Il ne savait pas déléguer les responsabilités. Il mit finalement trois ans avant de le juger prêt à sortir. Sa première n'eut lieu qu'en août 1981, à Montréal.

Ma véritable amie et mon inspiration fut ma covedette féminine, une actrice américaine du nom de Andrea Marcovicci qui prenait son art à coeur et fit tout pour m'aider. Nous partagions aussi un sentiment d'exaspération envers Patrick McGoohan qui, disait-elle, était l'homme le plus difficile avec lequel elle eût jamais travaillé.

L'expérience de «Kings and Desperate Men» m'avait beaucoup appris. Elle m'avait appris que j'aimais cette vie, la camaraderie, l'esprit d'équipe et surtout le monde irréel du cinéma, la façon dont je pouvait donner libre cours à toutes ces émotions qu'autrement je devais maîtriser. Dans les mois qui suivirent, je me mis donc à réfléchir, à songer à mon avenir, tout en cherchant autre chose. L'été précédent, mon idylle avec Jack Nicholson s'était terminée sur une note d'irrévocabilité brutale. Après des mois de vie minable à New York et à Londres, il devenait de plus en plus évident que mon salut ne dépendait pas des autres. Peut-être se trouvait-il dans le travail.

Une fois de plus, ce fut une invitation qui me sauva. Des producteurs français et canadiens projetaient une coproduction dans le sud de la France. L'intrigue tournait autour d'Annie, la maîtresse d'un riche homme d'affaires canadien qui part en vacances en France où elle connaît une série de liaisons superficielles avec trois hommes tout à fait différents et s'aperçoit plus tard que son amant l'a fait suivre par un détective privé. «L'Ange gardien» en était le titre. Jean-Luc Terrade allait jouer le rôle du soupirant yogi, Jean-Luc Fritz celui du garçon de plage et Michel Louvain, l'amant pianiste. La vedette masculine, le détective Aldo qui s'éprend éventuellement de la femme qu'il poursuit, allait être Francis Lemaire. Accepterais-je pour cinquante mille dollars de jouer le rôle d'Annie?

C'était le printemps 1978. J'avais besoin d'argent, je cherchais du travail. C'était la solution idéale. Je mis dans une valise les vêtements que j'avais si follement achetés à Londres et me rendis le plus vite possible à Cassis, au charmant hôtel Les Jardins qui donne sur la Méditerranée. Le soir, je pouvais depuis mon balcon observer les falaises se transformer d'un rôse pâle en rouge framboise sous les lueurs du soleil couchant.

Il s'avéra rapidement, cependant, que je n'avais pas affaire à une équipe de professionnels. Le scénario avait été composé par un gynécologue; j'espère seulement qu'il était meilleur gynécologue que scénariste. Je doutais des talents de réalisateur de Jacques Fournier; la compagnie française n'avait jamais tourné de long métrage. Seuls les membres de l'équipe canadienne étaient de vieux routiers et ils étaient scandalisés de constater le manque de sérieux de la production.

Dès le début, ce fut le chaos. Fournier, qui croyait que la meilleure façon de recréer l'ambiance animée d'une station balnéaire était d'entasser dans chaque scène vingt figurants en trop, provoquait tant de confusion qu'on avait peine à suivre l'intrigue. Les épreuves étaient terribles. Il n'avait aucune notion d'angle de prise de vue, de son ou d'éclairage et ne savait pas filmer en gros plan. Dans la scène où le yogi me poursuit, on ne distingue que deux minuscules silhouettes lointaines filant à toute allure sur le flanc d'une montagne, comme dans un vieux film de Charlot. La scène se termine lorsque l'héroïne se précipite du haut d'une des falaises qui font la beauté de cette région pour tomber apparemment dans l'eau. Mais le spectateur s'aperçoit très bien qu'elle tombe sur un matelas posé un peu plus bas.

Vient ensuite la scène du bain de soleil où je me réveille sous les assauts de l'homme avec lequel je passe la journée. Je n'y voyais pas trop d'inconvénient jusqu'à ce que Fournier me fît étendre sur un chemin rocailleux sans serviette pour me protéger le dos des énormes galets qui m'écorchaient. Que pouvait bien faire cette jolie jeune fille couchée sur un lit de roches? (Plus tard, l'émission de télévision canadienne «W5» fit un reportage sur le tournage intitulé «La voie rocailleuse de Margaret»).

Il y eut par contre des moments drôles. Un de mes béguins n'était pas ce que l'on appelle dans la vie réelle un séducteur et c'était à lui que revenait la tâche de me violer dans un vestiaire. Tout le monde avait pris sa place, le réalisateur allait lancer «moteur», lorsque soudain mon violeur s'empara de son sac à main, en sortit un vaporisateur Binaca pour avoir bonne haleine, s'en aspergea la bouche puis, fouillant derechef dans son sac, en sortit un flacon de lotion après-rasage et tout cela de crainte que son odeur corporelle ne m'offense. Je me tordais tellement de rire qu'il fallut retarder le tournage.

Il y eut aussi de bons moments. Cassis est une des stations balnéaires les plus charmantes du Midi. Son port si charmant est protégé par un code d'urbanisme et la plupart de ses rues étroites, inchangées depuis l'époque de Scott Fitzgerald, sont interdites aux voitures. J'y ai mangé des fruits de mer merveilleux dans les petits restaurants qui surplombent les Calanques et je me suis baignée dans les petites baies rocheuses où les sous-marins venaient pendant la deuxième guerre mondiale décharger des provisions pour le maquis.

Un week-end de congé, je me rendis à Monte Carlo chez mon amie Régine qui y ouvrait sa propre boîte. Ce fut formidable, un agréable répit après la sordidité de l'équipe de tournage. Après les catastrophes, les heures d'attentes, les levers matinaux et l'incompétence générale, l'ambiance sophistiquée et élégante de sa boîte, Jimmy's, m'enchantait. C'était une merveille de bonne bouffe et d'éclairages astucieux. Je passai mon temps à causer avec l'étoile de tennis Bjorn Borg et, tout en dégustant du caviar, je me demandais si je ne préférais pas ce genre de boîte respectable destinée aux riches et aux jet-setters à un Studio 54 que fréquentaient les pseudo-artistes bizarres.

Ce qu'il y avait de plus déplaisant au cours du tournage, c'était la jalousie sexuelle. Le réalisateur était furieux lorsque je me liai avec Jean-Luc Fritz, l'acteur charmant et incroyablement beau mais fauché, qui jouait le garçon de plage. Jean-Luc fit de son mieux pour me protéger du côté désagréable du tournage.

Bientôt, je me sentis à nouveau exploitée. Toute mon horreur et ma haine d'être abusée ou favorisée ou vantée, non pas pour ce que je fais mais pour ce que je suis, remontaient à la surface. Pas la peine d'être Einstein pour savoir que je ne tournais pas à Cassis à cause de mon talent dramatique mais bel et bien parce que c'était une façon astucieuse de faire un film sur Margaret Trudeau, épouse du Premier ministre du Canada et jet-setter bien connue, se pavanant avec toutes sortes d'hommes dans le midi de la France.

Dès le jour de mon arrivée, les journalistes avaient afflué de toutes parts. Avais-je quitté mon mari? Qu'advenait-il des enfants? Que pensais-je des hommes en France? Je refusai toute entrevue sur ma vie privée mais cela ne semblait pas me protéger et je devins plus obsédée et plus misérable que jamais, doutant de moi en tant qu'actrice, me sentant coupable vis-à-vis de mes fils si loin de moi. Ce que les journalistes ne me soutirèrent pas ils l'inventèrent. Et la compagnie de production ne m'aidait guère. Quand même, c'était pour eux une excellente publicité. Je ne cessais de demander: «Pourquoi m'avez-vous embauchée? Pour mon talent ou pour mon attrait publicitaire?» Fournier, irrité par l'histoire de Jean-Luc, se contentait de hausser les épaules.

Quelques jours avant mon départ, je n'avais toujours pas de billet d'avion. Les derniers jours s'étaient transformés en véritable cauchemar: l'équipe canadienne, excédée par l'incompétence et impayée depuis que les fonds de production s'étaient épuisés, avait plié bagages et laissé à une bande d'amateurs incorrigibles le soin de rapetasser une fin. Le producteur m'assura que mon billet m'attendait à l'aéroport. Je réservai une place, pris le petit train local qui serpente à travers la broussaille et la forêt de pins, pour aboutir finalement à l'aéroport de Marseille. Pas de billet. Je téléphonai au bureau de la compagnie: personne ne répondait. Je compris enfin qu'il n'y aurait pas de billet. Ce fut cette ultime mesquinerie qui me donna les armes pour refuser toute publicité et tout travail de réclame à ce film. Ainsi, lors de sa première à Montréal en décembre 1978, je n'y étais pas pour donner un coup de main.

Après cette expérience, ma carrière d'actrice eût très bien pu s'achever à tout jamais n'eût-ce été une rencontre fortuite et bienvenue. Lorsque j'arrivai à Ottawa, j'y trouvai un message urgent provenant de ma bonne amie Nancy Pitfield, épouse du secrétaire ministériel de Pierre, Michael Pitfield. «Viens vite, disait la note, j'ai quelque chose d'incroyable à te dire.»

Dès que j'arrivai, elle se précipita pour m'ouvrir. «Devine qui te cherche.»

Je me mis à rire: «Warren Beatty?»

Son sourire s'effaça: «Comment le savais-tu?»

Bien entendu je ne savais pas, j'avais simplement deviné. Nancy me raconta qu'un soir qu'elle préparait le dîner et mettait les enfants au lit le téléphone sonna et une voix inconnue lui dit: «Pardonnez-moi de vous déranger mais je crois que vous êtes une amie de Margaret Trudeau et je veux lui faire parvenir un message.»

«Qui êtes-vous?» demanda-t-elle.

«Warren Beatty,» répondit l'inconnu d'une voix aimable.

«Évidemment,» riposta-t-elle.

Il voulait simplement me laisser un message que je l'appelle. Lorsque je le rejoignis, il me dit qu'il voulait me parler et s'enquit si je me rendais parfois à New York. Je ne projetais pas de voyage mais toute curieuse que j'étais je sautai sur l'occasion. On se rencontrerait au bar de l'hôtel Carlyle. Je suis toujours optimiste. Jusqu'à preuve du contraire, je persiste à croire qu'il va m'arriver quelque chose de formidable.

Je fus à l'aise avec lui dès la première minute de notre rencontre. C'est un homme intelligent, amusant et charmant. Bien qu'il n'ait rien eu de concret à m'offrir, il me dit qu'il avait voulu me rencontrer pour discuter de travail futur et pour me dire qu'il croyait que j'avais toutes les chances de devenir une grande actrice et ce, pour une très simple raison: ma grande rage intérieure. «Personne ne devient bon acteur, dit-il à moins qu'il n'ait en lui un fond d'émotions, d'émotions véritables, qu'il n'ait ni besoin d'étudier ni de simuler mais où il peut puiser lorsqu'il en ressent le besoin.»

Son extrême gentillesse me décontracta. Je lui parlai du comportement autoritaire de McGoohan dans «Kings and Desperate Men,» du chaos amateur qu'avait été «L'ange gardien,» du fait que je me sentais exploitée et sans identité en tant qu'actrice. Il me rassura, me dit de travailler fort et d'étudier plus sérieusement l'art dramatique. Il m'affirma que je ne serais jamais une bonne comédienne tant que je n'aurais pas résolu mes problèmes personnels. Alors seulement pourrais-je me chercher un autre rôle.

«Oh non, lui répondis-je, j'ai tourné mon dernier film. Ce fut un fiasco.»

Il partit à rire. «Nous faisons tous des navets Margaret. C'est ce qui nous permet de grandir dans cette profession.»

À cette époque, Diane Keaton était la femme dans la vie de Warren Beatty. J'ignore si c'était sa vigilance à elle qui le rendait si fidèle mais je sais qu'elle le fit appeler trois fois pendant les trois heures que dura notre entretien, juste le temps de s'assurer que nous n'étions pas montés dans son appartement... ce qui, tout compte fait, n'aurait pas été si mal.

En l'occurrence, il m'offrit seulement de me raccompagner chez mon amie sur Park Avenue. C'est pendant cette promenade que je lui racontai mon aventure désastreuse avec Jack Nicholson.

«Jack est un grand masochiste, me dit-il lorsque j'eus terminé. Pour le rendre heureux, il aurait fallu t'asseoir sur son visage et lui chier dessus.» Nous éclatâmes de rire tous les deux et je me sentis réconfortée.

En réalité, la rencontre en elle-même avait été réussie. D'une part, elle avait été strictement professionnelle sans aucune tentative de séduction. D'autre part, Warren avait su m'inculquer un peu d'amour-propre. Je savais bien que je ne serais pas la vedette du prochain film de Warren Beatty mais que s'il me prêtait un certain talent, j'avais de bonnes raisons d'espérer.

4

Mme Rochester au 24 Sussex Drive

CES propos sur la vie mondaine que je menais peuvent aisément porter à croire que j'avais complètement abandonné Pierre et les enfants. D'ailleurs, la presse aidait à propager cette impression en inondant le public d'un torrent continu de rumeurs. Les uns prétendaient que Pierre m'avait donné un million de dollars pour se débarrasser de moi; les autres affirmaient que je passais mes nuits au Studio 54; d'autres enfin racontaient que je n'étais toujours qu'une flower-child ayant repris ses anciennes habitudes de hippie.

La vérité en était tout autre. J'avais renoncé à la vie d'épouse de Premier ministre ainsi qu'à son cérémonial et à ses privilèges tant vantés, non pas parce que j'y étais inapte ni parce que je la détestais (qui aurait pu détester les soins qu'on me prodiguait?) mais parce que j'avais besoin d'argent et que mes relations avec Pierre allaient de mal en pis. Je ne m'étais pas encore entièrement détachée de lui car nous songions constamment à nous réconcilier et je n'avais certainement pas abandonné mes enfants. C'est d'ailleurs ce qui rendait tellement cruelles ces rumeurs: comment aurais-je pu abandonner mes enfants? La notion même me paraissait si fantastique qu'il ne m'était jamais venu à l'esprit qu'on pût ainsi interpréter ma conduite.

Même en le souhaitant, je n'aurais pu quitter la maison; je ne disposais d'aucune ressource personnelle, aucun foyer pour mes trois fils et, de toute façon, j'avais très peu confiance en moi. Pierre et moi avons donc élaboré un mode de vie curieux et très secret. Toutes les deux ou trois semaines, je m'esquivais vers Londres ou New York. Puis, au bout de dix ou quatorze jours, ma famille me manquait tellement, j'avais si grand besoin de revoir les enfants, que je rentrais au Canada.

C'était alors, durant ces quelques jours suivant mon retour, que Pierre et ses rêveries me séduisaient. Nous vivions, me semblait-il parfois, de rêveries. En voyant mon incertitude, Pierre me racontait ses projets d'avenir. Il évoquait la maison que nous ferions construire quand il quitterait la politique, les poneys qu'auraient les enfants, la pièce japonaise qu'il aménagerait pour ma cuisine d'occasion. Je me laissais bercée par l'espoir de tout ce bonheur. Puis le rêve commençait à ternir, toutes nos incompatibilités remontaient à la surface et de nouveau je fuyais Ottawa, à la recherche d'un monde plus compréhensif. Et ainsi, mois après mois, ce fut le même manège.

Entretemps, j'avais pris une grande décision. Je quittai la grande chambre principale du second étage, avec sa vue donnant sur la rivière et le Québec, son papier peint en soie thaïlandaise jaune vif, son immense lit en laiton aux draps en toile de Madère brodée, sa célèbre collection de meubles d'époque canadiens hérités de Maryon Pearson, épouse de l'ancien Premier ministre Lester Pearson, et m'installai au troisième, dans une charmante mansarde ensoleillée avec vue sur le jardin et qui m'avait servi autrefois de salle de couture. La pièce voisine était une chambre d'amis avec salle de bains tapissée d'un papier à motif floral rayé et meublé d'un lit double, d'une armoire et d'une coiffeuse en érable rouge qui avaient fait partie du trousseau de la mère de Pierre. Je fis miennes ces trois pièces. J'étais, somme toute, contente d'échanger l'intimité de mon grenier contre la splendeur solennelle et froide de ce manoir en pierres grises sans aucun charme.

Là-haut, je devins du jour au lendemain la pauvre folle Madame Rochester dans «Jane Eyre», la spectatrice éloignée et l'épouse cachée. D'un commun accord, Pierre ne fit part à personne de mes projets; il refusait tout simplement d'en parler et ce n'est pas le genre d'homme que l'on interroge impunément. Justin (âgé de six ans), Sacha (quatre ans) et Micha (deux ans) surveillaient mes déplacements mais les acceptaient à cause de leur jeune âge. En voyage, j'étais «Maman qui travaille très fort comme actrice de cinéma.» Chez nous, j'avais simplement changé de chambre à coucher. Puisque Pierre avait un cabinet de toilette attenant à la chambre principale, les enfants trouvaient normal que nous ayons chacun notre chambre. Les collègues de Pierre n'en savaient pas plus que ce qu'ils lisaient dans les journaux.

Pierre posa cependant certaines conditions à notre nouvelle vie. Il acceptait bien de me faire vivre jusqu'à ce que je trouve du travail et décide de mon avenir, mais il me refusait tout argent et ne tolérait pas qu'on lui enlève les enfants. J'étais tout à fait libre de mes déplacements mais les enfants devaient rester avec lui.

Je n'aurais jamais songé à discuter de ces conditions. Même lors de notre séparation d'essai, Pierre avait refusé de solder mes comptes et j'étais depuis devenue trop orgueilleuse, ou peut-être rétrospectivement étais-je trop intimidée, pour lui demander de l'aide. «Je n'ai pas besoin de ton argent, lui lançais-je chaque fois qu'il se sentait obligé de me dire qu'il ne m'en donnerait pas. Crois-tu que c'est ça que je cherche?» Quant aux enfants, jamais je n'ai songé à les lui enlever. J'aimais encore Pierre, n'était-ce qu'un peu tristement, et jamais je ne l'aurais ainsi blessé. D'ailleurs, j'avais besoin de partir seule.

À ces deux conditions principales, Pierre en ajouta deux autres: aucune intrusion dans sa vie personnelle; aucun scandale ou embarras de quelque sorte que ce soit.

Aussi bizarre que cela puisse paraître de nos jours, à l'époque cela me convenait parfaitement. Puisque j'étais si souvent absente, quand je revenais à Ottawa, je ne souhaitais que d'être la meilleure mère possible. De toute façon, rien d'autre ne m'y retenait et lors de mes séjours mon seul but était de me donner entièrement aux enfants. Je ne cherchais pas une autre vie: je vieillissais, je devenais enfin une femme indépendante, et aussi pénibles que ces contraintes aient pu me sembler, elles m'aidaient aussi.

Encore là, Pierre me fut d'un grand secours et nos relations évoluaient au même rythme que moi. Il y avait toujours eu entre nous un deuxième rapport qui allait au-delà du rapport mari/femme; c'était le rapport père/fille. Maintenant, quand je rentrais pleine de bons mots et d'historiettes, enhardie par l'affection et l'approbation de mes nouveaux amis, et oubliant l'anxiété que j'avais si souvent ressentie auprès d'eux, je régalais Pierre du récit de mes aventures. Il semblait prendre plaisir à m'entendre parler et je sentis bientôt que je lui rendais des comptes. J'avais besoin de Pierre et j'avais moi-même besoin d'être présente, de le tenir au courant des changements qui se produisaient en moi. Ainsi donc, petit à petit, notre attitude l'un envers l'autre s'est transformée. Pierre devint de plus en plus paternel et je faisais de plus en plus figure de l'aînée de ses enfants sur le point de quitter le foyer. On aurait dit qu'il voulait que je sois aussi jeune que possible.

Côté domestiques, nous n'avions vraiment aucun problème. Le personnel très efficace du 24 Sussex comptait quelques dix employés qui se faisaient un point d'honneur de faire régner un ordre parfait sur toute la maison (qui était peut-être même trop parfait; je n'ai jamais pu supporter l'ordre excessif qui règne dans une maison tenue par de nombreux domestiques. L'absence absolue de désordre quotidien m'avait si profondément marquée que je ne manquais jamais de ranger soigneusement mes objets personnels avant de partir en voyage.

La plupart des gens que j'avais engagés y étaient encore. Il y avait Hildegard, la bonne en chef, femme bienveillante qui fit de son mieux pour me faciliter la vie; Ruth, la cuisinière du personnel et des enfants, femme honnête et affectueuse, et Yannick Vincent, notre chef français gaillard qui élevait des chiens de traîne à ses heures libres et qui me gardait un repas quand il savait que mon avion avait du retard. On ne faisait aucun cas de l'intérêt de plus en plus sporadique que je portais à la planification des menus car il me devenait de plus en plus difficile, quand je rentrais, de décider tous les lundis matins de tous les plats, depuis la soupe jusqu'au dessert, pour la semaine à venir. Par contre, si ça les lassait, ils prenaient soin de me le cacher. Ils m'ont toujours été d'un grand secours et se sont constamment avérés désireux d'accéder à mes moindres désirs et de m'accueillir chaleureusement lors de mes retours. Ils se conduisirent avec moi comme avec la maîtresse incontestée de la maison. Notre gouvernante Mary Alice, une religieuse défroquée, avait même reporté à plus tard la naissance de son propre enfant afin de pouvoir me prêter son secours quand j'en aurais besoin. Ils paraissaient sincèrement attachés à Pierre et à moi et espéraient encore que nous nous réconcilions.

Néanmoins, j'avais parfois l'impression d'être redevenue une petite fille. Cela provenait en grande partie de mon sens de culpabilité. Il m'était intolérable de savoir que je décevais tous ces Canadiens qui m'avaient offert des cadeaux lors des anniversaires de nos fils, qui nous avaient acclamés aux cérémonies officielles, qui avaient vu en nous une famille modèle. Puisque ma conduite n'avait sûrement rien d'exemplaire, j'en vins à me croire indigne des privilèges que m'accordait ma vie officielle. J'essayai donc de me priver du plaisir d'être servie et choyée et, sauf la lessive, j'essayai de faire le plus possible moi-même. Mais je n'ai fait qu'accroître la confusion.

À peine quelques jours après ma rentrée, on eût dit que je n'étais jamais partie. Par contre, je demeurais en quelque sorte une étrangère n'étant là vraiment que pour les enfants.

J'en vins à me considérer comme une nurse supplémentaire, une aide externe qui aidait à prendre soin des enfants. Je n'étais même pas un visiteur ordinaire car je refusais tous les services que les visiteurs reçoivent. Et pourtant, Pierre et moi avions aussi beaucoup de choses à régler, et il détestait que le 24 Sussex ne me servît que de lieu d'hébergement. Quand j'étais à la maison, il voulait que j'y sois vraiment: que je prenne mes repas avec lui, que je partage sa vie, et il s'offusquait profondément si j'allais passer la soirée avec une amie. Je devins de plus en plus bouleversée et certaines nuits j'aurais voulu m'épancher sur lui.

Mon incertitude grandissante quant à mon identité ne fut qu'aggravée par l'arrivée d'un des rares nouveaux venus, Heidi Bennett, gouvernante anglaise et elle-même mère de deux filles. On l'avait engagée au printemps 1978 pour régner sur la maisonnée après que Mary Alice nous eût quittés pour fonder son propre foyer. Dès le début je la trouvai froide, ambitieuse et très rancunière à mon égard. Et elle devait me trouver lassante et importune. Mais nos rapports se détériorèrent encore plus lorsqu'elle se mit à me remplacer dans mon propre rôle. Ne se satisfaisant pas de la supervision générale, elle se mit à accueillir les invités de la maison et à s'assurer que tous les convives fussent bien pourvus de leur apéritif préféré et ce, que je fus absente ou en haut de l'escalier en train de l'écouter. Elle m'irritait aussi en se prenant pour un véritable gourou de la séparation. Elle-même divorcée, elle ne gênait pas pour me prodiguer ses petits conseils.

Pendant ce temps, deux nurses s'occupaient des enfants. Il y avait Monica Mallon, diplômée d'université, qui venait d'une famille de huit enfants. Elle connaissait les hôpitaux pédiatriques et prit charge de Michel, le bébé, quand il était devenu trop grand pour notre bonne jamaïquaine, Tara Virgo. Et il y avait Vicky Kimberley, une jolie blonde de vingt-et-un ans, qui paraissait froide mais qui s'appliquait à faire des activités constructives avec les deux plus vieux qui l'adoraient. Lorsque je n'y étais pas, il y avait au moins une nurse habitant à la maison.

Parfois je sentais que mes fils se trouvaient en si bonnes mains que je devais éviter de trop m'en occuper pendant mes séjours de crainte de troubler ainsi leur routine quotidienne. Mais les nurses, Monica en particulier, faisaient tout pour dissiper ce sentiment et n'essayaient jamais de me remplacer tout en soulignant le très grand besoin qu'elles avaient de moi. Pour compenser mes absences, je revenais toujours les bras chargés de cadeaux, ce qui transformait mes rentrées en moments d'allégresse. Je me rattrapais donc en passant avec mes enfants deux semaines remplies d'amour.

En pratique, je donnais congé aux nurses afin de pouvoir amener les enfants chez McDonald ou en visite chez des amis qui avaient des garçons du même âge. Je déjeunais avec eux dans la salle de jeux où je les avais déménagés car je trouvais la salle à manger du personnel trop remplie de femmes âgées qui les surveillaient. Et je supervisais leurs dîners. Michel et Justin adoraient les desserts au jello de Ruth tandis que Sacha languissait après le saumon fumé et les escargots de Yannick.

Les membres du personnel politique immédiat de Pierre, qui ne pouvaient s'empêcher de savoir ce qui se passait, furent tous aussi polis et serviables les uns que les autres mais je me rendis vite compte combien il était injuste de ma part de rechercher des relations suivies avec eux car je leur demandais ainsi de servir deux maîtres.

Joyce Fairburn, l'assistante législative de Pierre responsable de la liaison parlementaire, en fournit un bon exemple. Joyce et son mari Michael Gillian étaient de très bons amis et je passais beaucoup de temps chez eux, leur racontant ce qui se passait entre Pierre et moi. Mais la responsabilité de Joyce consistait, en somme, à tenir Pierre au courant de tout ce qui se passait et je constatai tristement qu'elle se sentait en effet obligée de tout lui raconter. C'était inévitable et je n'aurais pas dû la mettre ainsi à l'épreuve.

Il y avait aussi les Pitfield, de bons et vieux amis à nous. Je causais beaucoup avec Nancy, ce qui était sans conséquence car elle comptait parmi mes plus anciennes amies. Mais je dépassais la mesure lorsque je demandai à Michael, homme tendre et affectueux, d'intercéder en ma faveur auprès de Pierre. Mais à part ces quelques amis, je restais facilement détachée; je connaissais à peine le personnel de Pierre. Cependant, je n'arrivais pas à échapper aux commentaires offensants et méchants même s'ils provenaient parfois de personnes qui ne me voulaient aucun mal. Pour me protéger, j'essayais autant que possible de ne jamais lire ce qu'on disait de moi dans les journaux et d'éviter les racontars. Mais je ne pouvais éviter les petites pointes mesquines et souvent cruelles qui à coup sûr me faisaient pleurer. Ainsi, une fois je fus accueillie à mon retour par l'agent de la G.R.C. chargé de la sécurité des enfants. Il était beaucoup trop familier et outrepassait les bornes et il se prenait pour un réconciliateur. Il voulait que je me sente coupable et cherchait ainsi à me ramener à la maison. Il s'approcha donc de moi et me dit: «Oh, Mme Trudeau, que je suis content de vous revoir. Ce que vous manquez aux petits garçons quand vous êtes absente. Cela se voit tout de suite… ils ne sont pas les mêmes quand vous n'y êtes pas…» et ainsi de suite. Je savais qu'il avait tort mais comment pouvais-je ne pas me sentir coupable?

L'incident des amygdales de Michel fut encore plus effarant même si, par la suite, il s'avéra sans importance. Il nous ébranla fortement, Pierre et moi. Lors d'un de mes retours de New York, la limousine officielle m'attendait à l'aéroport d'Ottawa. À l'intérieur se trouvaient Monica et les enfants. Je remarquai tout de suite que Michel souffrait encore d'un mauvais rhume. Je savais qu'il avait vu un médecin et je demandai donc à Monica ce qu'on avait dit à propos de ses amygdales.

«Il faudrait l'opérer, dis-je. Elles sont grosses comme des balles de golf.»

«Oh, répliqua-t-elle désinvoltement, on ne peut pas l'opérer avant l'âge de cinq ou six ans à cause du trou dans son coeur.»

«Le quoi dans son quoi?» J'étais prise de panique.

Elle avait l'air surprise. «Eh bien, il a une lésion au coeur.»

Je ne savais si la colère ou l'inquiétude l'emporterait mais j'essayais de me maîtriser. «C'est la première fois qu'on m'en parle. Depuis quand le savez-vous?»

Elle réflichit un moment: «Eh bien, je crois que le Dr McKee me l'a dit la dernière fois qu'il a vu les enfants. Il y a de cela neuf ou dix mois.»

«En avez-vous parlé à mon mari?»

Monica paraissait de plus en plus inconfortable. «Non... je vous croyais tous les deux au courant.»

J'étais au paroxysme de l'angoisse. Micha, encore tout juste un bébé, était peut-être gravement malade et moi, sa mère, je n'en savais rien.

Lorsque j'en fis part à Pierre, lui aussi trembla de rage: comment tous ces gens osaient-ils ne pas nous mettre au courant, nous les parents de Micha, d'une affaire aussi importante. Il s'avéra en fait que la lésion était sans importance et le Dr Jim McKee, lorsque je l'eus rejoint, m'assura que nombre d'enfants souffraient de cette sorte d'affection. Cet événement pour le moins bouleversant nous permit donc de prendre conscience d'un fait important: notre système de vie fonctionnait bien mais comportait encore des failles.

En public, ma situation demeurait assez singulière. Peu importait la vigueur avec laquelle je refusais le rôle pompeux d'épouse de Premier ministre, hôtesse imperturbable de tout un chacun, peu importait la fermeté de ma conviction que le rôle d'épouse politique est intenable à cause de tout ce qu'il comporte de servilité humiliante, je n'en trouvais pas moins étrange d'habiter une maison où tout cela se déroulait fort bien sans moi. Pierre avait été intransigeant sur ce point: un des points majeurs de notre entente stipulait que personne ne devait être au courant de mes allées et venues.

Certaines personnes, comme Michael Pitfield et Jim Coutts, chef du cabinet de Pierre à l'époque, étaient au courant de mes séjours à la maison. Et Mlle Cécile Viau, secrétaire exemplaire et assistante dévouée de Pierre depuis de nombreuses années, savait mieux que quiconque ce qui se passait mais n'en soufflait mot à personne. D'autres qui arrivaient pour des réunions officielles devaient étouffer leur étonnement de me trouver en train d'arranger un bouquet de fleurs, de discuter du menu avec le chef ou de parler avec Mme Bennett à propos d'une réception quelconque à venir. Il peut paraître bizarre que j'aie repris toutes ces tâches, mais j'y étais revenue malgré moi et je n'avais rien d'autre à faire. Ma demeure m'inspirait encore beaucoup d'orgueil. J'étais contente de l'ambiance que je lui avais donnée. C'était peut-être la seule chose dont j'étais contente et je prenais plaisir à la maintenir en parfait état.

Quant à toutes les autres réceptions, aussi dénuées de cérémonie fussent-elles, elles m'étaient interdites. Certains soirs, j'éteignais et, perchée sur la banquette sise sous la fenêtre de mon grenier, j'écoutais les voix des invités qui parvenaient jusqu'à moi. J'observais leurs promenades dans le jardin, en robes longues et en smokings, leurs diamants étincelants, avec au fond les feux de la rive lointaine. Je songeais aux nombreuses soirées où je m'y étais moi-même promenée, je songeais aux grands dîners que j'avais pris plaisir à organiser et en particulier à celui que j'avais donné en l'honneur de la Reine, la première véritable invitée dans la maison du Premier ministre que j'avais redécorée et transformée. Je me sentais très seule ces soirs-là.

Je sentais aussi qu'on avait abusé de moi. Malgré l'efficacité du personnel de la maison, il me semblait qu'il y manquait une touche que le personnel ne parvenait pas à lui communiquer, un petit air d'élégance dont je m'enorgueillissais. Ainsi donc lorsqu'on préparait une réception quelconque, je sentais qu'il était encore de mon triste devoir de choisir les fleurs dans la serre, de discuter du menu avec Yannick et de m'assurer que le couvert fut mis à la perfection.

Cependant, lorsque Pierre recevait de vieux amis à nous, ma présence était non seulement permise mais des plus bienvenues. Cela ne se produisait pas souvent mais ces soirées comptent parmi les plus belles que nous ayons vécues ensemble. Pierre et moi pouvions, à distance, nous regarder et nous admirer l'un l'autre. Et je me plaisais à écouter les histoires et les bons mots. Cela faisait du bien de s'amuser un peu au milieu de tant de chagrin.

Un jour lady Mary Mitchell vint à Ottawa avec son mari, sir Harold Mitchel, député tory du gouvernement britannique. C'était chez lady Mary à la Jamaïque, dans la splendide villa tout entourée de jardins éblouissants (lady Mary s'était jurée qu'il n'y aurait chez elle pas un centimètre de terre dénudée; leur terrain foisonnait de fleurs, d'arbustes, d'orchidées et de plantes décoratives) que Pierre et moi avions passé de nombreuses vacances, hélas trop souvent gâchées par nos querelles. Le dîner se passa agréablement mais plus tard dans la chambre je racontai à Mary ce qui nous arrivait. Dame d'une soixantaine d'années, intelligente, spirituelle et sage, Mary était celle de mes amies qui ressemblait le plus à une mère pour moi. Elle ne fut pas surprise d'apprendre où nous en étions arrivés. «Il y a une trop grande différence d'âge entre vous, me dit-elle. Pierre est tout simplement trop vieux pour toi.» Une autre fois, Charles Bédard, un vieil ami de Pierre, vint à dîner avec sa femme, Jacinthe, et je me joignis à eux. Pierre m'invitait aussi à prendre part à de petits dîners intimes qu'il donnait à l'occasion pour des gens de passage à Ottawa qui l'intéressaient comme l'auteur Alvin Toffler ou le violonniste Yehudi Menuhin. Ceux-ci ne savaient rien de nous et ne s'intéressaient même pas aux affaires canadiennes. Si ma présence les surprenait, leur politesse les empêchait de me le faire voir.

Ce rôle prit un tour inattendu pendant l'hiver 1979 lorsque Pierre convia M. et Mme Jules Léger, le gouverneur-général sortant et sa femme, à un dîner d'adieu de 250 personnes. Leur quinquennat s'achevait et le gouvernement leur faisait honneur en offrant une réception à laquelle étaient invités tous les politiciens, les hommes d'affaires et les diplomates les plus en vue. Cela eut lieu vers la fin d'un de mes plus longs séjours ininterrompus au 24 Sussex quand j'avais une fois de plus l'impression de faire partie de la maisonnée. Bien entendu, Pierre ne me suggéra pas de l'accompagner mais me demanda d'être l'hôtesse d'un cocktail en l'honneur de membres de sa famille et de proches amis arrivés de Montréal pour la réception.

Je mis toute la bonne volonté du monde à organiser les chambres d'amis et à planifier les repas. À neuf heures le soir du bal, les derniers invités partaient pour le gala. J'entendais leurs rires et le claquement des portières. Je revins dans le hall et montai l'escalier vers ma mansarde. C'était une pilule difficile à avaler.

Jouant à la châtelaine avant une réception au 24 Sussex. (Bill Brennan)

La salle à manger était si élégante avant la restauration hâtive de Ms. McTeer.
(Bill Brennan)

Je discute de menus avec le chef Yannick Vincent.
(Bill Brennan)

J'aide Hildegard West à mettre le couvert.
(Bill Brennan)

La maman heureuse et ses trois petits garçons.
(Bill Brennan)

Justin se fait photographe.
(Avec la permission de Margaret Trudeau)

Le printemps au 24 Sussex. (Bill Brennan)

Le roi Hussein et la princesse Alia. (Avec la permission de Margaret Trudeau)

En compagnie de Liza Minnelli au Studio 54. (Wide World Photos)

Mon amie Gro Southman m'accueille à Ottawa. (Bill Brennan)

Lors de ma première mission photographique en France. Bruce Nevins fut un charmant sujet.

(Avec la permission de Margaret Trudeau)

Juste avant de dire «Moteur» sur le plateau de KINGS AND DESPERATE MEN.

(Photo Presse Canadienne)

*Ce fut un honneur de photographier
une de mes compatriotes
préférées, Karen Kain.*

*(Avec la permission de
Margaret Trudeau)*

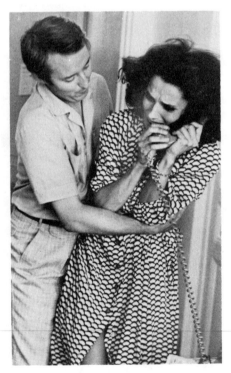

*J'incarne la maîtresse
d'un riche industriel dans
L'ANGE GARDIEN.*

(Photo Presse Canadienne)

5
Vies privées

LORSQUE nous étions seuls, Pierre et moi menions une existence curieuse. Pendant mes brefs séjours à la maison, notre routine quotidienne était à peu près ce qu'elle avait toujours été, à part ma retraite solitaire au grenier et mon exclusion de la vie officielle. Mais puisque Pierre avait toujours été plutôt casanier, nous avions l'habitude de passer beaucoup de temps en famille et, malgré le vide horrible qui se creusait entre nous, c'est ce que nous continuions de faire. De fait, en apparence, nos vies avaient à ce point le goût et la forme de notre passé heureux que je pouvais presque me faire accroire que nous nous aimions de nouveau.

La vie familiale commençait à dix-huit heures quarante-cinq tous les jours. Pendant la journée, Pierre jouait son rôle officiel, travaillant dans son bureau, déjeunant avec ses collègues. Il ne passait voir les garçons que pour quelques minutes pendant le petit déjeuner et le repas du midi. Entre-temps, Justin, Sacha, Michel et moi partagions une routine paisible d'école, de repas, d'amis et de jeux.

Mais à dix-huit heures quarante-cinq, Pierre arrivait et se dirigeait immédiatement vers la piscine intérieure qu'il avait fait construire derrière la maison au début de notre mariage (un passage souterrain la relie à l'édifice principal). En moins de temps qu'il ne faut pour le dire, il se déhabillait, se jetait à l'eau et nageait ses quarante-quatre longueurs. Jamais plus, jamais moins. Ensuite, il était prêt à recevoir les garçons.

J'allais avec eux, mais je ne me baignais jamais; tel un chat, je déteste me mouiller. Accroupie sur le bord de la piscine, j'admirais sa patience infinie alors qu'il encourageait ses fils à se débrouiller dans l'eau; Micha avec ses petits flotteurs, Justin et Sacha tels de petits poissons s'élançant sans crainte dans le secteur profond de la piscine.

Pierre est d'une exactitude pointilleuse: après quinze minutes, il pressait les garçons de sortir et après m'être tombés tout mouillés et luisants dans les bras, nous les portions en haut pour leur sécher les cheveux et les mettres en pyjama. Comme les nurses partaient après le dîner des enfants, Pierre m'aidait, les taquinant, leur lisant des histoires et écoutant leurs prières.

Ces petits moments rayonnaient de bonheur. C'était aussi les moments où Pierre et moi tentions de dissiper la confusion morale qui aurait pu exister dans l'esprit des enfants. À tous ces égards, Pierre était un pédagogue de grande classe. Non seulement passait-il des heures à leur enseigner à plonger, à faire du canoë, du karaté et du judo, ou se souciait-il de leurs bonnes manières à table, mais aussi, tous les dimanches soirs, leur lisait-il des passages de la Bible et essayait-il d'éveiller en eux l'intérêt pour le monde, les us et coutumes des différents pays. C'était Sacha qui posait le plus de questions. Quand Pierre était à la maison, Sacha l'appelait à son lit pour l'embêter de toutes les questions imaginables.

Nous avions très peu de vie publique en tant que famille. Si peu en fait que lorsqu'un photographe de journal nous surprit agenouillés en rang (personnellement je trouvais que nous avions l'air très pieux) lors de la confirmation de Justin à l'église Ste-Brigide, le rédacteur jugea bon de sous-titrer: «Une très rare sortie en famille.» À part le 24 Sussex, nous n'allions jamais qu'à Harrington, la résidence spacieuse en bois donnant sur le lac qui sert par tradition de résidence de campagne aux premiers ministres canadiens mais que j'avais fait mienne grâce à des jardins potagers et à des meubles en pin rustiques. Ces séjours me rendaient terriblement triste. Ils me faisaient voir ce qu'était devenu notre mariage. Pierre et moi avions été si heureux à Harrington. Vêtus d'un jean et d'un veston délabré, nous y avions nagé et fait du canoë, nous étions partis en excursion et nous avions fait des barcecues. Maintenant, le coeur n'y était plus.

Dans les mois qui suivirent notre séparation l'attitude de Pierre vis-à-vis des enfants changeait. Il les avait toujours adorés mais en gardant ses distances. Maintenant, mes départs fréquents le forçaient à jouer un rôle plus actif et, loin de trouver ennuyeuse ou pénible cette responsabilité, il y prenait un vif plaisir. Ces périodes de deux et trois semaines d'affilée où il se trouvait seul avec les enfants furent pour lui une révélation et l'aidèrent à combler le vide que creusait notre séparation tout en créant des liens indissolubles entre lui et ses fils. Il devint, comme je lui disais en riant, une excellente mère.

Nous eûmes certainement des problèmes avec les enfants mais ils étaient mineurs et ne semblent pas les avoir marqués. Pierre et moi faisions toujours attention de conserver l'image d'une famille très unie. Lorsque j'étais à la maison, nous essayions de tout faire ensemble. Nous ne nous disputions jamais devant eux. Lorsque je n'y était pas, Pierre parlait abondamment de moi, leur expliquant que je cherchais une carrière parce qu'il n'y en avait pas pour moi à Ottawa. De mon côté, je téléphonais constamment. Je crois que ma propre enfance ainsi que la force et les valeurs de ma mère m'ont rendu consciente des problèmes susceptibles de se produire.

Nos vies séparées troublèrent peut-être Sacha plus que les autres mais c'était un enfant inquiet dès la naissance; tout bébé, il semblait déjà préoccupé. Son âge, quatre ans, et le fait qu'il était le deuxième né ne lui facilitaient pas les choses. Par exemple, il semblait ravi de me voir après une absence mais éclatait plus tard de rage à propos d'une peccadille. Ces scènes me tracassaient mais Pierre était merveilleux. Plus Sacha devenait furieux, rebelle et agressif, plus Pierre lui témoignait d'attention et d'amour.

Puis ce fut au tour de Justin de s'endormir à l'école. Sa maîtresse que j'étais allée voir m'affirma qu'elle savait toujours quand je partais car c'était alors que Justin se mettait à rêvasser et à s'assoupir. Par voie de conséquence, je me fis un devoir de lui parler plus souvent de ce que je faisais afin qu'il se sente plus impliqué dans ma vie. Sa somnolence lui passa bientôt.

Pierre et moi étions tous deux convaincus qu'il ne fallait pas s'inquiéter. Nous étions plusieurs, amis, nurses, parents, lui et moi, à guetter leurs réactions pour y déceler des problèmes et tout semblait aller pour le mieux. Il y avait tant d'exemples qui témoignaient de leur santé mentale et de leur force. Un jour je les conduisais tous trois en voiture lorsque tout à coup Sacha se fit entendre:

«Tu sais, maman, je suis célèbre.»

Je ris tout bas. «Tiens, vraiment? Je ne savais pas que tu étais célèbre. Tu as un père célèbre qui a beaucoup travaillé pour le devenir mais je ne crois pas que les petits garçons soient célèbres.»

Sacha se tut. Mais ce fut au tour de Justin.

«Mais toi, maman, tu es célèbre. Tu es une vedette de cinéma.»

J'étais émue. Il me semblait si affectueux. Il poursuivit: «Moi aussi quand je serai grand, je serai célèbre. Je veux devenir magicien.»

Sacha ne voulait pas s'avouer vaincu. «Moi aussi. Moi je vais être un garde forestier célèbre.» Il s'arrêta, doutant soudainement qu'un garde forestier pût être célèbre. «Et pendant que je guette les feux et les oiseaux, je vais penser à un poison qu'on donnera aux gens pour tuer toute la maladie en eux mais pas les tuer eux.»

Je sentais qu'il avait besoin d'éloges. «C'est bien, Sacha.

Ce sera un remède contre le cancer qui te rendra sûrement célèbre.»

Jusqu'alors Micha, le bébé, s'était contenté d'écouter. Mais c'est un enfant qui n'accepte pas de passer inaperçu. Il me tapa l'épaule pour attirer mon attention. «Maman, moi je ne vais pas être célèbre. Je veux juste être Premier ministre ordinaire.»

Nous avions sans cesse ce genre de conversation, aussi avais-je difficulté à croire que mes enfants souffraient.

Moi par contre, si. Au fur et à mesure que passaient les mois et que les journaux publiaient mes escapades exotiques, Pierre grandissait dans l'estime du public. J'en vins à détester ces modèles de vertu qui s'empressaient de me condamner tout en faisant l'éloge de ce chou de Pierre qui s'occupait de ces trois pauvres charmants petits garçons. Selon moi, ce qui nous arrivait faisait partie de notre vie privée et au lieu de devenir sans cesse plus vindicatif et malicieux, le public aurait mieux fait de ne pas se mêler de nos affaires. Ce n'était pas comme si j'avais abandonné mes enfants dans un bungalow de banlieue pour aller danser tous les soirs: Pierre avait deux nurses, deux cuisiniers et cinq bonnes. Les garçons ne manquaient de rien sans compter l'attention et la tendresse extraordinaires que leur prodiguait en mon absence une de mes amies, Heather Gillin.

Heather est la mère modèle par excellence, presque au point d'en être obsédée. Elle est mariée à un lotisseur et habite près du 24 Sussex. Son aîné, Jeffrey, est le meilleur ami de Justin; son cadet a le même âge que Sacha. Ainsi donc, en mon absence, elle se faisait la mère de tout ce beau petit monde.

Ce serait mentir de dire que Pierre et moi ne nous disputions pas à mon retour. À vrai dire, si j'ai bonne mémoire, toutes nos soirées, après le coucher des enfants, se terminaient par une séance d'injures. Qui blâmer? Qui avait raison? À qui la faute? Qui avait tort? Les valeurs morales et l'argent constituaient les deux principaux sujets de discussion, ainsi que le refus de Pierre d'accepter le moindre blâme. «Margaret, me dit-il une fois, je n'ai jamais rien raté. Je ne vais certainement pas rater mon mariage.»

Nous nous mordions les lèvres pour ne pas nous chamailler devant le personnel tandis qu'une bonne nous servait les bons petits plats à la française de Yannick sur les assiettes Ginori blanc, or et orange que j'avais choisies avec tant d'amour. Une fois la table desservie, la querelle reprenait de plus belle. Nous ressassions et ramenions cent fois toutes les insultes et toutes les erreurs du passé pendant que l'austère chipie dont le portrait était accroché au mur, avec ses lunettes sur le bout du nez (autrefois sujet de plaisanteries entre Pierre et moi) fixait sur nous un regard sinistre.

J'agissais en parfaite connaissance de cause. Je déchargeais ma rage sur Pierre parce qu'il m'avait condamnée à une vie que je détestais et qui me dépassait. Et parce qu'il semblait imperméable à mes attaques, j'essayais de le blesser davantage. J'avais honte mais je n'y pouvais rien.

Puis, avec le passage des mois, je me sentais de plus en plus désemparée, de plus en plus effrayée.

Je savais aussi ce qu'il faisait. Il me punissait. Je crois que je comprenais toute la profondeur de sa détresse: il n'arrivait pas à dormir, il avait l'air fatigué et triste. Mais son angoisse se traduisait en attaques contre moi, contre ma moralité et contre mes mobiles. Il me martelait sans cesse de questions et de diatribes. Je refusais simplement de supporter toute la responsabilité de notre rupture: je voulais qu'il comprît qu'il y était aussi pour quelque chose.

Au cours de l'automne 1977, Pierre se mit à sortir de son côté. Il ne faisait aucun doute que Pierre, catholique fervent d'un sens moral inflexible, m'avait été impeccablement fidèle tout au cours de notre mariage. Mais maintenant que nous nous étions engagés dans la voie de la séparation, j'étais presque soulagée de voir qu'il était disposé à voir d'autres femmes. D'une part, il me semblait que cela le rendrait plus heureux et qu'il cesserait de se languir pour moi et d'avoir l'air si triste en ma présence. D'autre part, s'il se heurtait au même genre de tempérament que le mien chez d'autres femmes, cela dissiperait en lui l'impression que j'étais la seule femme volontaire et inconstante du monde.

La question du divorce ne se posait même pas. Je savais que Pierre en tant que catholique s'y opposerait. Alors qu'il me disait avec une pointe d'humour que si je souhaitais le divorce, je n'avais qu'à consulter un avocat, je savais bien qu'il ne contribuerait nullement à l'obtention d'un divorce sans contestation après trois ans, comme le prévoit la loi canadienne. À quoi bon? Quan à lui, une seule épouse dans la vie suffisait et il me disait souvent: «Tu es mon épouse, tu seras toujours mon épouse et aussi dévoyée que tu deviennes, rien n'y changera.» Quand je songeais au divorce, c'était tout simplement pour me dire que si jamais je le souhaitais, je n'avais qu'à attendre les cinq années de séparation prévues avant d'en faire moi-même la demande ou bien abandonner la garde des enfants, ce qui était hors de question. Ce n'est que beaucoup plus tard que j'appris qu'aux yeux de la loi nous étions légalement mariés tant que je demeurais au 24 Sussex même si je couchais au grenier. Et, en dépit de ce que disent les uns et les autres, encore aujourd'hui nous ne sommes pas légalement séparés.

Mais ce ne fut pas facile de faire face aux nouvelles amies de Pierre. J'étais beaucoup plus jalouse que j'avais cru l'être, et, dès le début, le choix de Pierre m'exaspéra. Nombre des femmes que Pierre fréquentaient avaient visité la maison pendant notre mariage à titre d'amies. Pire encore, elles étaient presque toutes des femmes vouées à leur carrière. Cela revenait encore à l'attitude très vieillotte de Pierre à l'égard des femmes. Il y avait selon lui trois catégories de femmes.

D'abord ses collèges féminines qui n'étaient que des compagnes de travail et qui accédaient à peine au statut de femmes même si nombre d'entre elles étaient de bonnes amies. Il y avait ensuite les éventuelles petites amies et, dans ce cas, tel Édouard VIII, Pierre affectionnait les actrices et les starlettes, des femmes fascinantes qui se prêtaient admirablement au flirt et aux tête-à-tête à la chandelle. Il y avait enfin son épouse qui, elle, devait dépendre de lui, rester au foyer et être disponible. Même si je connaissais bien ses opinions, je ne pouvais m'empêcher d'envier une femme comme Karen Kain avec laquelle non seulement Pierre était-il sorti mais aussi qu'il estimait précisément parce qu'il s'agissait d'une des premières ballerines du Canada. Je ne m'empêchais pas de grommeler que s'il m'avait donné la liberté de vivre et de travailler nous ne serions peut-être jamais devenus si détachés l'un de l'autre.

Mais certains épisodes comiques servirent paradoxalement à nous rapprocher. À l'automne 1977, à la fin d'un de mes voyages à New York, je décidai d'annuler quelques rendez-vous et de rentrer plus tôt que prévu afin de passer une fin de semaine supplémentaire avec les enfants. Attendue un lundi, j'arrivai le jeudi précédent. En atterrissant, je téléphonai à Pierre depuis l'aéroport. Il envoya une voiture me chercher. À la maison, je trouvai que Pierre était mal à l'aise. C'est un homme qui aime savoir exactement ce qui se passe et qui aime que les autres s'en tiennent à leurs projets. Je lui demandai ce qui n'allait pas. Visiblement gêné, il hésitait.

«Eh bien, Margaret, j'ai invité quelqu'un pour la fin de semaine.»

«Parfait, répondis-je magnanime. Tu l'emmènes au lac. Les enfants et moi resterons ici. C'est d'ailleurs pour cela que je suis revenue.»

Je n'y ai plus repensé jusqu'à ce que je revienne de mes courses le vendredi soir. Là, dans le placard du rez-de-chaussée se trouvait un hideux manteau pourpre. Pouah, pensai-je, mon côté femme jalouse se montrant la tête, celle-là ne sait sûrement pas s'habiller. Puis, dans la salle à manger, je vis les préparatifs du dîner que Pierre et moi avions l'habitude de prendre le vendredi soir dans les beaux jours de notre mariage: du homard et du champagne. Mes dîners à moi. Je n'étais pas du tout ravie. Soudain, tout l'aspect loufoque de la situation me frappa; voici que j'étais allongée sur le lit conjugal avec mes fils, tandis que Pierre se pomponnait pour un tête-à-tête au lac. Avant longtemps, Pierre se mit aussi de la partie. Et pendant que, morts de rire, nous nous roulions par terre, chatouillant les garçons en lançant des gros mots, telle une petite famille heureuse, en bas, la petite amie, assise sagement dans la salle de séjour, attendait le Premier ministre.

La petite amie de Pierre, c'était Liona Boyd. Je la connaissais bien; elle était souvent venue, à ma demande, jouer de la guitare classique pour des visiteurs. Liona possède les jolis petits traits fragiles d'une blonde et s'habille de dentelles et de volants, dans le style 1900, pour souligner la douceur classique de son apparence. Sans être exactement mielleuse — elle ne répondrait certes pas avec insolence à Pierre — elle ne dédaignait apparemment pas un peu de publicité personnelle. Le lundi suivant, en parcourant le dernier numéro du magazine «McLean's,» j'y trouvai un long interview avec Liona dans lequel elle parlait de sa «relation» avec Pierre. Elle avait dit à l'interviewer que les trois garçons étaient adorables et qu'elle leur avait donné à chacun un sobriquet. «Et Margaret alors?» s'était enquis l'interviewer. «Oh, avait-elle minaudé, j'espère seulement qu'elle reprendra bientôt ses sens.» Pauvre petite idiote, pensai-je, je te défie de le dire devant moi. Je ne fus pas surprise d'apprendre que son prochain album allait s'intituler «The First Lady of the Guitar».

Liona Boyd n'était pas la seule. On disait que Pierre choisissait des amies de plus en plus jeunes; je lui disais pour le taquiner que Justin deviendrait bientôt son rival. Nous pouvions généralement plaisanter à ce sujet car j'étais convaincue qu'aucune de ces relations n'était sérieuse et que Pierre, tout en aimant flirter, n'avait nullement l'intention de me remplacer dans sa vie. Cela peut sembler contradictoire, mais il faut avouer que la situation elle-même était pleine de contradictions: Pierre et moi, nous nous aimons profondément, peut-être plus que nous ne pourrons jamais aimer autrui, mais ce n'est pas l'amour dont on fait un bon mariage. Le soir du bal en l'honneur des Léger, Pierre et son entourage rentrèrent de bonne heure. La bonne humeur de Pierre était manifeste. Il monta à ma chambre.

«Margaret, tu connais tout le monde: mets donc ton peignoir et viens te joindre à nous.»

Je me sentais bien seule et j'acceptai avec plaisir de me présenter. Je m'enquis sur la soirée et appris que Liona Boyd avait joué pendant la réception.

«Oh, dis-je méchamment, c'est à une maîtresse que tu demandes de jouer maintenant?» Pierre me rétorqua tout aussi méchamment. «Pas une, Margaret, mais deux.»

Pierre avait semble-t-il aussi demandé à une amie chanteuse de les accompagner; je me demande ce que chacune d'elles a bien pu y comprendre.

Pendant que Pierre s'adaptait à mes allées et venues et à son nouveau demi-célibat, tout ne tournait pas rond politiquement. Il n'avait jamais reconquis la popularité perdue au cours des moments difficiles de la fin des années soixante et du début des années soixante-dix. Sa trop célèbre remarque sur «les mauviettes au coeur tendre» faite à l'époque de l'enlèvement de MM. Laporte et Cross lui avait valu la réputation d'un dur insensible et méprisant et lui avait en plus aliéné à tout jamais l'estime de ses anciens admirateurs de la gauche intellectuelle. Il n'était plus le défenseur des libertés civiles. Et il y avait aussi toute la question du séparatisme québécois ainsi que du nationalisme passionné de Pierre, son insistance à promouvoir le bilinguisme, son refus de s'attaquer à l'aliénation des provinces de l'Ouest. Tous ces problèmes minaient la prééminence politique qu'il considérait légitimement sienne. Des élections s'annonçaient, mais Pierre n'y avait pas le coeur. On l'accusait d'être indécis; même Joe Clark, le chef de l'opposition, se mit à se moquer de lui, en disant «qu'il craignait d'affronter le peuple.»

Pierre devint l'objet d'une hostilité de plus en plus répandue. Malgré mon effort de détachement, il était impossible d'y échapper. Les chauffeurs de taxi devinrent le fléau de mon existence. Il y eut un temps où je ne pouvais prendre de taxi sans tomber sur un chauffeur dont l'unique mission dans la vie fût de diffamer Pierre. Un jour, dans le centre de Toronto, j'eus une expérience particulièrement désagréable.

Nous roulions bon train lorsque soudain, sans mobile apparent, le chauffeur se mit à dénoncer Pierre, le traitant de tyran et de dictateur. Je ne suis pas de celles qui se taisent mais je ne cherchais pas d'histoires non plus.

«Je ne suis pas de votre avis, dis-je en essayant de me contenir, je trouve que notre Premier ministre est un homme formidable et qu'il fait des choses importantes pour l'avenir du Canada.»

Le chauffeur ne me prêta aucune attention. «Et en plus, enfonça-t-il, c'est un vrai pédé. Il nous a eus pendant quelques années avec sa jolie petite épouse de Margaret, mais ce n'était qu'une façade...»

«Arrêtez la voiture, criai-je. Je ne suis pas obligée de vous écouter. Vous n'êtes qu'un horrible vieux fanatique.»

Je lui fourrai de l'argent dans la main qu'il voulut me rendre, mais je prenais déjà la fuite: «Écoutez, dis-je, rien ne m'oblige à voyager avec des gens comme vous. Jamais.»

Je claquai la portière et m'éloignai à grands pas tandis que, stupéfait, il secouait la tête. Moi-même, j'étais un peu secouée: de toutes les critiques formulées à l'endroit de Pierre, aucune n'est moins fondée ni aussi absurde que l'accusation qu'il soit homosexuel.

Je ne pouvais juger du rôle que j'avais joué dans la baisse de popularité de Pierre. Mais lorsque je m'y laissais aller, je me culpabilisais énormément. Pendant les élections de 1974, je m'étais lancée autant que possible sur la scène politique, non seulement au niveau de la campagne mais aussi en conseillant à Pierre de projeter une image plus ouverte, moins arrogante et plus accessible. Je me demandais si je ne devais pas faire de nouveau des commentaires sur ce qui, selon moi, se passait. Mais j'étais trop découragée. Ce n'était pas la peine puisque Pierre ne voulait plus de mes conseils. Je me contentai de l'aider à assortir sa cravate à son complet.

Nombre des journalistes les plus méchants et les plus manipulateurs me considéraient, découvris-je sous peu, comme le talon d'Achille de Pierre. Incapables de percer son détachement auto-protecteur, ils s'imaginaient pouvoir l'atteindre en passant par moi. Ils se trompaient. Je fis l'impossible pour ne pas tomber dans le panneau; je refusais les interviews et je restais autant que possible à la maison, pour ne pas être vue. Pour sa part, Pierre se tira des questions sur notre mode de séparation, sur ma soi-disant carrière, sur son rôle avec les enfants, avec autant de grâce que de dignité. Ils le raillèrent et le persiflèrent mais n'arrivèrent pas à le faire parler. Sur ce front au moins, il en était sorti vainqueur.

Petit à petit, les longues semaines de l'automne 1978 s'effilochèrent. J'allais et venais; les garçons grandissaient; Pierre et moi étions de plus en plus malheureux en compagnie l'un de l'autre. En surface, nous semblions assumer les contradictions d'une telle situation. Mais mon amertume grandissait, et la rage qui devait éclater en grande confusion mentale, s'accumulait en moi.

Je me rends compte avec un certain recul du fait que le ressentiment constituait à l'époque mon émotion prédominante. J'en voulais à Pierre de la vie médiocre qu'il me forçait à vivre. Car les conditions qu'il avait stipulées (que je n'aie pas d'argent et que les enfants restent au 24 Sussex), étaient simplement injustes: mais je ne disposais à ce moment-là, ni de la volonté ni de la clairvoyance qui m'auraient permis de le constater. Les journées de grande dépression, il me semblait qu'une bande de nurses et un homme parcimonieux me privaient des meilleures années de la vie de mes enfants ainsi que de la mienne.

Tout aurait pu continuer de cette façon, pour un peu de temps au moins, car je sais les pressions qu'on exerçait sur moi, sauf pour un événement qui me convainquit à tout jamais que, quels que fussent mes sentiments pour Pierre, lui ne m'aimait plus. Il peut paraître étonnant que j'en aie éprouvé un tel choc mais je me suis toujours fait des illusions à ce sujet.

À la fin de l'année 1978, constatant que je n'avais aucun projet hors du Canada pendant quelques semaines, je décidai de me faire opérer des amygdales. Elles m'incommodaient depuis des années, et mon médecin m'avait enfin convaincue que le temps était venu de les enlever. On m'opéra à l'Hôpital Général d'Ottawa et je fus horrifiée par la douleur de l'opération et les semaines de récupération qui s'ensuivirent. Puis je rentrai au 24 Sussex pour ma convalescence. Malheureusement, cela coïncidait avec le bal d'adieu des Léger et avec les semaines de préparation qui le précédèrent. Je n'eus donc pas tout le repos qu'il m'aurait fallu. Pendant que nous avions des invités, je m'efforçais de leur faire bon accueil. Ce fut seulement après leur départ que je me rendis compte de mon état de santé.

Un vendredi soir à minuit, je m'éveillai dans mon grenier en crachant du sang. Terrifiée, je descendis à la chambre de Pierre et lui demandai d'appeler le médecin. Pour Pierre, les vendredis soirs, fin d'une semaine de travail, sont sacrés: ne voulant pas qu'on lui gâche son repos, il n'aimait pas déranger le médecin. Il sortit du lit, m'apporta une bassine, que je remplis bientôt de sang, et me dit qu'il valait mieux attendre le matin avant d'appeler le médecin. Quelque peu remise, il m'aida jusqu'à mon lit, et retourna au sien.

Quelques heures plus tard, le saignement recommença. Je me traînai encore une fois jusqu'à Pierre et le suppliai d'appeler le médecin. Il refusa, m'apporta une autre bassine et se recoucha. Il ne me vint pas à l'idée de réveiller quelqu'un d'autre; après tout, je faisais entièrement confiance à Pierre. Je tins bon jusqu'à six heures, malade, crachant du sang et effrayée. Ce ne fut qu'alors que Pierre jugea opportun de téléphoner. Le médecin se préparait à partir en week-end de ski. Vingt minutes de plus, et il aurait été parti. Heureusement, il se retrouva à mes côtés en dix minutes. Il jeta un coup d'oeil sur ma gorge, téléphona à l'ambulance et, ne s'attardant que le temps voulu pour tancer Pierre de sa stupidité, me fit conduire d'urgence à l'hôpital le plus proche. Je ne fus déclarée hors de danger qu'après plusieurs transfusions et une deuxième opération. Le fait que j'aurais pu mourir et que Pierre ne se sentait même pas concerné marqua la fin définitive du profond amour que j'avais eu pour lui.

6

En tournée publicitaire

L E 20 avril 1979, Paddington Press publia mon livre, «À coeur ouvert.» J'avais à la fois attendu et craint cet instant depuis des mois. Je croyais avoir fait un travail honnête, avoir dit la vérité sur ma vie telle que je la voyais, mais au fur et à mesure qu'approchait le jour du lancement, je me mis à craindre d'avoir été trop honnête, d'être allée trop loin. La publicité de mauvais goût qui précéda le lancement ne fit rien pour me rassurer.

J'avais convenu avec John et Janet Marqusee de faire moi-même un peu de promotion. Pas au Canada où j'étais déjà trop connue, d'autant plus que Pierre était en campagne électorale. Restaient les États-Unis et l'Angleterre.

La tournée débuta à Londres mais le départ ne fut pas de bon augure. Puisque le «Daily Express» avait acheté les droits de publication en feuilleton, j'avais accepté de donner une entrevue à la télévision. L'interviewer, m'avait-on dit, était un des grands patrons du journal, mais son apparence débraillée et ses manières effrontées me déplurent dès le début.

J'ai un vif souvenir de cette journée. L'«Express» avait loué ou emprunté un appartement à Belgravia pour donner une ambiance de chic à l'affaire. Mais il 'nétait qu'à moitié meublé et j'avais l'impression d'être assise dans un musée. Je n'ai pas aimé la façon de l'interviewer de me mettre en train avant le tournage. Il répétait sans cesse: «Fumez-vous de l'herbe, Margaret? Parlez-moi de l'herbe. En avez-vous souvent fait l'expérience?» Et il ne faisait que répéter cette question en faisant rouler les mots dans sa bouche comme s'il les savourait.

Je fus d'autant plus découragée lorsque je vis ce que l'«Express» avait fait de mon livre: on l'avait charcuté et déformé de sorte que certaines histoires qui dans leur intégralité étaient parfaitement cohérentes faisaient de moi une petite égocentrique folle des vedettes. Je trouvais injuste qu'on me reproche mon honnêteté comme un acte d'indiscrétion alors que je croyais avoir fait preuve de courage. J'apprenais vite qu'on se moquait éperdument de ce que je pouvais bien penser et ressentir. Ce que l'on voulait et ce que l'on allait exiger tout au long de cette tournée promotionnelle, c'était du sexe, des drogues et du rock 'n roll.

Après la pub télévisée, ce fut un interview pour le journal. On m'avait prévenue que Jean Rook du «Daily Express» était inquisitrice et vache; je m'aperçus vite que ces qualificatifs étaient flatteurs. Je trouvai cette doyenne du journalisme féminin anglais, au visage chevalin autoritaire gommé de fard et aux manières gauches et méprisantes, une des femmes les plus exaspérantes que j'aie rencontrées. Elle ne devait certainement pas m'aimer. Elle se montra pateline, intéressée et charmante pendant l'interview. Mais à la publication de l'article, je compris qu'elle m'avait grossièrement flattée pour mieux me rembarrer. «Elle a plaqué un Premier ministre, disait l'article, quitté ses trois petits garçons, secoué le monde en passant un week-end avec les Rolling Stones. Elle est, de son propre aveu, une hippie qui fume de l'herbe, se complaît en gros mots et s'arrange pour qu'on sache qu'elle ne porte pas de soutien-gorge.»

J'accordai un autre interview pendant mon séjour à Londres. C'était pour l'émission de télévision canadienne «W5», et il avait été clairement convenu que l'interview ne serait pas diffusé avant la parution de mon livre au Canada. Je fus contente du résultat: j'en sortais convenablement et l'émission ne contenait rien qui eût le moindrement pu modifier le cours de l'histoire canadienne. Je n'appris que plus tard les ennuis qu'allait me causer cet interview.

C'est ainsi qu'avant de m'attaquer aux États-Unis, je m'accordai un petit congé. Je ne pouvais rentrer au Canada: la campagne électorale battait son plein et je ne voulais pas m'en mêler. J'acceptai donc de raccompagner Jorge, le coureur d'automobiles péruvien que j'avais rencontré à Londres l'été d'avant, chez lui, de rester avec sa famille et de visiter un peu l'Amérique du Sud.

Je m'étais déjà attachée à sa mère, Dora, pendant une de ses visites à Londres. Née au Pérou de parents viennois, c'était une femme merveilleuse. Jorge et moi passâmes quelques jours avec elle à Lima puis nous rendîmes en voiture dans les hautes Andes pour Pâques. Par malchance, il se passait alors un énorme festival local qui avait rempli tous les hôtels et qui nous obligea à faire du camping. Je n'étais guère rassurée non plus par le gros fusil que l'oncle Wolf, un ancien nazi aux cheveux ras, nous avait prié d'apporter avec nous. Déjà le Pérou me paraissait bien étrange.

Comme il faisait déjà noir quand nous nous sommes arrêtés, il ne restait plus qu'à choisir un endroit et à s'en remettre au sort. Nous nous installâmes sur un plateau abrité que bordait un ruisseau. Quand le jour se leva, nous vîmes par la fenêtre, dressée contre le ciel, une immense statue de Jésus-Christ, les bras ouverts en signe de bénédiction. Nous avons ensuite compris que nous avions garé la voiture sur les décombres d'un village qu'un tremblement de terre avait récemment rasé. Nous partîmes à la hâte, frissonnant à l'idée de fouler tous ces fantômes sous nos pieds.

En rentrant à Lima, Jorge annonça qu'il devait se rendre en Bolivie par affaires pour quelques jours et s'arrangea pour que je visite les ruines de Cuzco et de Machupicchu en compagnie d'une bonne amie à eux, une jeune fille que tout le monde appelait «petite soeur». Le jour suivant, nous prîmes donc l'avion ensemble, elle et moi, mais, à ma grande surprise, elle disparut à tout jamais après m'avoir installée dans un hôtel à Cuzco et présentée à des amis architectes.

Ce congé, néanmoins, s'annonçait bien. Je passai une agréable journée en compagnie des architectes dans les ruines incas puis je fus invitée à un barbecue dans une ferme isolée. Vers le crépuscule, exténuée par l'altitude, je fis de l'auto-stop et une jeune femme me prit avec elle. Elle s'appelait Mia et elle redescendait la montagne jusqu'à Cuzco avec sa petite fille de trois ans. Elle venait de déposer son mari américain et un groupe d'aventuriers sur le sentier inca. Mia était enceinte de huit mois et avait deux chiens afghans dans le fond de son camion.

Le chemin du retour longeait une vallée à travers les montagnes. Après un certain virage, je voyais devant nous un camion arrêté le long de la route. Mia commença à ralentir. Aussitôt, un garçon d'une huitaine d'années se précipita devant la voiture. Je criai, la voiture fit une embardée et l'évita. Mais un deuxième enfant courait à ses trousses et s'élança sur la route sans regarder à gauche ou à droite. C'était une petite fille et nous l'avons frappée.

Mia freina brusquement, fit encore une embardée puis démarra de plus belle.

Ne comprenant pas ce qu'elle faisait, je saisis le volant et lui criai d'arrêter.

«Je ne peux pas, vous ne comprenez pas, je ne peux pas,» pleurait-elle. Elle avait le visage tout en larmes mais continuait à conduire. «J'ai trop peur. Il faut chercher de l'aide.» Sa fille, assise entre nous, gémissait de terreur. J'avais mal au coeur; je ne comprenais plus rien. Nous traversâmes un village à toute allure et continuâmes notre chemin. Derrière nous, beaucoup plus haut sur la montagne, je voyais des phares qui se lançaient à notre poursuite.

Nous arrivâmes à Cuzco après un trajet qui me parut interminable. Sitôt arrivée, la police nous arrêta. On emmena

Mia d'un côté, moi de l'autre. Je ne parlais pas espagnol et aucun des nombreux policiers ne parlait anglais. Ils n'étaient pas méchants mais je ne comprenais tout simplement pas ce qu'ils voulaient. Je leur présentai tous mes papiers; ils les écartèrent d'un geste. J'écrivis l'adresse de mon hôtel; ils haussèrent les épaules. Trois heures passèrent. Finalement, ils me conduisirent dans une rue inconnue, s'arrêtèrent et me désignèrent du doigt une porte. J'étais presque hystérique.

Je sortis de la voiture à tâtons et appuyai sur la sonnette. On ouvrit aussitôt. Devant moi, heureusement, se tenait Mia. Elle était calme, presque brusque.

«Dieu merci que vous soyez venue. Pouvez-vous me prêter de l'argent?»

Interloquée, je fouillai dans mon sac, y trouvai cent quarante dollars et les lui tendis. «Ne vont-ils pas vous arrêter?» demandai-je frénétiquement.

Elle avait l'air perplexe. «Mais non, répondit-elle. Les choses s'arrangent autrement ici.»

Subitement, tout me paraissait clair. Nous allions les soudoyer pour obtenir notre liberté. Seul l'argent et non la sécurité de l'enfant ni l'immoralité de notre fuite comptait. Voilà ce que les policiers attendaient de nous.

Ce même soir à l'hôtel, j'étais prise de vomissements incontrôlables. Le jour suivant, je pris l'avion pour Lima. Assise, attendant le décollage, encore tremblottante d'horreur mais contente d'avoir échappé, j'aperçus soudain deux policiers qui se précipitaient sur la piste en gesticulant violemment. Je fus transie. C'était évident: ils venaient me chercher. Lorsqu'ils emmenèrent un pauvre Indien qui tentait d'accompagner sa mère, je pleurai de soulagement.

À Lima, on blamait Jorge de m'avoir laissé voyager ainsi. Le Pérou ne me disait plus rien, surtout lorsque j'appris que la fuite de Mia avait été tout à fait normale. Dora m'expliqua que si nous nous étions arrêtées, on nous aurait fort probablement lapidées. J'avais maintenant hâte de m'en aller. Un gouffre séparait la culture péruvienne de la mienne. C'était un pays violent dont je ne pouvais accepter les valeurs. La petite fille n'est pas morte, mais je ne cessais de me demander: comment peut-on laisser un enfant mourant sur la route? Dès que je pus réserver une place, je partis pour New York. Ma tournée promotionnelle partait du mauvais pied; loin de maîtriser mes affaires, je me sentais très bouleversée.

Lorsque j'arrivai à New York vers la fin d'avril, la campagne publicitaire de Paddington Press battait son plein. Les Marqusee, qui m'avaient paru peu enthousiastes en Angleterre, étaient devenus de véritables tigres aux États-Unis. Mais moi aussi, j'étais désormais à la coule. L'humiliation que m'avait fait subir Jean Rook m'avait convaincue de refuser les interviews aux journaux. Je ne paraîtrais qu'à la radio et à la télé où je pouvais au moins être certaine d'avoir vraiment dit ce que l'on m'attribuait.

Notre première décision fut de ne choisir que les grandes chaînes nationales aux heures de pointe. Après tout, je ne faisais pas une tournée promotionnelle intensive et rigoureuse comme sont contraints de le faire certains pauvres auteurs. On avait demandé à Suki Howard, vice-président américain de Paddington Press, de s'occuper de moi. Il m'avait réservé un appartement au Carlyle, mon hôtel préféré. Paddington défrayait les dépenses et j'étais prête à me mettre au boulot. Je n'étais pas nerveuse devant les caméras: j'avais appris à ne plus craindre les foules et la publicité aux côtés de Pierre.

Et puis, c'était grisant d'être l'objet de tant d'attention. Je me réjouissais de mon appartement superbe au Carlyle, des limousines toujours devant la porte, des roses rouges qui arrivaient constamment à ma table. Ce qui plus est, je parvenais à me faire accroire que j'étais arrivée: je ne rêvais pas d'avoir un travail éventuel à faire à New York, j'en avais réellement un. Et les offres affluaient de toutes parts.

Je parus d'abord au magazine d'actualités matinal le plus écouté à la télévision américaine, «Today». Mon interviewer s'appelait Jane Pauley, une jeune fille sympathique, gentille et mignonne avec laquelle j'avais déjeuné quelques jours avant l'entretien. Nous avions fait quelques plaisanteries au sujet de nos noms: son véritable prénom était Margaret et elle était sur le point d'épouser le caricaturiste Garry Trudeau. Je lui dis: «Tu peux bien l'avoir mon nom, avec plaisir. Prends-le pour tout le bien qu'il te fera. Je te le donne.»

Lors de la diffusion en direct, tout s'annonçait bien. Jane avait une liste de questions et moi, parée de mes plus beaux atours londoniens, je me sentais en parfaite forme. Seule l'heure de l'interview faisait ombre au tableau — sept heures quarante-cinq et j'y étais depuis six heures. Je ne brille pas particulièrement le matin. Puis, avec désinvolture, Jane me demanda:

«Dites-moi, Margaret, quel est le nom de cet homme qui a ruiné votre mariage?»

Je lui répondis d'une plaisanterie: «J'accepte volontiers de parler «à coeur ouvert,» mais pas nécessairement à contre-coeur.»

Une fois l'interview terminé, je m'apprêtais à partir. Pourtant, un réalisateur visiblement contrarié mais avec un air d'excuse s'approcha de moi et me dit: «Nous avons eu quelques pépins techniques. Cela vous ennuierait-il de reprendre les dernières minutes?» Et il prit Jane à part.

Quand elle revint à son fauteuil, je vis tout de suite qu'elle rougissait et qu'elle tenait une liste de questions tout à fait imprévues. Je n'imaginais pas ce qui allait m'arriver. Les caméras se mirent en marche, l'enregistrement commença, et les questions fusèrent. Cette fois, l'hostilité était palpable. Qui était l'inconnu? Pourquoi ne le nommais-je pas? Tout le monde ne le connaissait-il pas déjà? Pour qui me prenais-je d'en faire un si grand secret?

Je me levai: «Écoutez Jane, dis-je devant cinq millions de téléspectateurs, je ne supporte pas que l'on me parle ainsi. C'est votre métier, pas le mien.» Et je suis partie.

Il y avait par hasard un photographe dans le studio: la scène parut le lendemain à la une. Jane Pauley, la jolie intervieweuse que tout le monde adore avait insulté Mme Trudeau à la télévision. Si l'on hésitait encore à promouvoir mon livre, il faisait désormais parler de lui. Ce même soir, un producteur de «Good Morning America,» le principal concurrent de «Today,» me téléphona au Carlyle. Sa voix était doucereuse et rassurante. «Nous avons été désolés de ce qui vous est arrivé à la télévision aujourd'hui, me dit-il. Je suis sûr que si vous acceptez qu'on vous interviewe, nous serons beaucoup plus polis.»

Et ils le furent. Le lendemain, l'animateur Hugh Downs me fit l'interview le plus gentil du monde. Ce fut sans doute aussi le plus ennuyeux. À nous entendre parler, on aurait cru que ma vie n'avait jamais consisté que d'amour pour mon mari et de soins pour mes enfants. Douze millions d'Américains m'avaient maintenant vue le matin au petit écran.

La controverse ne s'est pas apaisée tout de suite. Après tout, Jane avait eu raison sur un point: mon amant secret était bel et bien ce qu'il y avait de plus mystérieux dans mon livre et bientôt tous les journaux de la ville se mirent à répandre l'histoire: «Selon les rumeurs, l'amant secret de Margaret Trudeau n'était nul autre que Ted Kennedy...» Avaient-ils raison? C'est un secret que j'entends garder pour moi.

Ensuite à New York, début mai, je devais passer à l'émission «Phil Donahue» en direct devant cinq mille personnes. Ce fut ma plus dure épreuve à la télé. Sans les expériences que j'avais connues avec Pierre, je n'y aurais jamais résisté. La victime s'asseoit sur un siège entouré de lumières aveuglantes au fond d'un auditorium circulaire où se trouvent les spectateurs qui lancent leurs questions. Le siège tourne pour qu'on puisse au moins faire face à ses tortionnaires même si on ne les voit pas.

Ce fut un véritable supplice: «Qui est votre amant? Avez-vous abandonné vos enfants? Ne sentez-vous aucune responsabilité Mme Trudeau, comment pouvez-vous si allègrement quitter un homme qui à l'heure même brigue des suffrages? Comment justifiez-vous le tort que vous faites à votre famille?

Au début, je me débattais. J'essayais de répondre à chaque question qui m'était posée. Je répondis que je ne croyais pas faire de tort à ma famille, qu'une femme devait avoir le courage de choisir et que certains choix s'avéreraient difficiles. Mes interrogateurs haineux étaient presque tous des femmes et, finalement, je n'en pouvais plus. Après avoir subi les commentaires d'une certaine mégère juchée tout au fond de la salle, je lui tournai le dos afin de signifier que je ne tolérerais plus ce genre de bêtise. Elle en fut réduite au silence. Phil Donahue est un homme très agréable mais il n'était visiblement pas à la hauteur pour faire face à une pareille agression.

Ma dernière apparition fut sans doute la plus agréable. Merv Griffin m'avait invitée à participer à un talk-show avec Liv Ullman, Hermione Gingold et la fille de Lucille Ball, Lucy Arnaz. Il n'était plus question de supplice; les questions ne servaient qu'à animer la conversation et chacune de nous raconta des anecdotes et toutes sortes d'histoires amusantes.

Tout compte fait, New York fut une réussite. Mes enfants m'avaient retrouvée pour une semaine au Carlyle et on nous fêta dans toute la ville. Tout comme moi, les garçons adoraient les limousines. Même l'injonction contre «W5» ne réussit pas à gâter notre plaisir. «W5», qui avait enregistré l'interview à l'avance, à la condition expresse de ne pas le diffuser avant la parution de mon livre au Canada, annonçait maintenant son intention de le passer immédiatement sur les ondes. De toute évidence, on jugeait mes remarques dignes d'«intérêt national.» Malgré ma surexcitation et le tourbillon de tout ce qui m'arrivait, j'étais certaine de n'avoir divulgué à «W5» aucune indiscrétion majeure et rien qui pût mettre en danger la sécurité nationale. Quelques potins, si; des propos explosifs, certainement pas. D'ailleurs, je ne connaissais aucun secret politique.

Paddington Press et Optimum de Montréal (l'éditeur de la version française de mon livre en France et au Québec) déposèrent donc une demande d'injonction contre «W5»; ils y engouffrèrent des sommes énormes pour les avocats. Je n'appris que plus tard que ces sommes étaient prélevées sur mes droits d'auteur éventuels. Nous eûmes gain de cause. Mon morale en bénéficia aussi car ça me permettait de prouver que je n'étais pas, comme on disait de moi, cette menace volage et irresponsable pour la sécurité nationale, mais bel et bien un écrivain professionnel qui aidait à la publicité de son livre et qui respectait ses échéances et son contrat.

J'avais besoin de réconfort. Un réseau de distribution avait acheté les droits américains de publication en feuilleton et dans tous les coins des États-Unis des affiches claironnaient mon histoire. Sauf que ce n'était plus mon histoire. C'était une adaptation déformée, tronquée et méchante qui faisait de moi un être irritable et égocentrique. «Un best-seller choquant...» «Des aventures sensationnelles...» «Margaret Trudeau avoue toute la vérité...» «L'abus des drogues, la liberté sexuelle...» Les affiches ne dissimulaient rien.

La promotion avait cependant remporté un si grand succès à New York que les Marqusee acceptèrent de me laisser sauter Chicago et Dallas. Je me rendis tout droit à Los Angeles. Ce répit était bienvenu. Aux autres, je donnais encore l'impression d'être calme et imperturbable. Mais dans mon for intérieur, mon expérience au Pérou ainsi que la réaction du public à mon livre me donnaient l'impression d'être déchirée en mille morceaux, comme si le monde était subitement devenu vorace et hostile. Je n'ai jamais très bien réagi aux critiques et l'image de plus en plus répandue de moi en train de dominer frivolement les médias avec mes pleurnicheries et mon hystérie tandis que Pierre défendait sa vie politique ne faisait pas un spectacle très appétissant.

Je voyais de plus en plus que le public se moquait bien des drogues, de la frivolité et même de l'infidélité. Plusieurs s'en étaient rendus coupables bien avant moi. Il semblait surtout désapprouver le fait que j'avais osé jouer les trouble-fête en mettant en doute le caractère sacré de la vie publique. Mes critiques semblaient dire qu'un personnage public est aussi un bien public et qu'un bien public doit être irréprochable. Cette attitude me paraissait scandaleuse. Pourquoi, me demandais-je, me traitait-on ainsi? J'étais un être humain, pas un automate.

Comme il arriva, l'aspect promotionnel ne fut que le moindre de mes soucis californiens. Juste avant de quitter New York pour la côte ouest, j'avais passé une dernière soirée au Studio 54 où je rencontrai Ryan O'Neal. Il nota mon numéro de téléphone et en apprenant que j'allais sur la côte ouest me suggéra de prendre le dîner avec lui quand j'y arriverais. Un des messages téléphoniques qui m'attendaient à l'hôtel Beverly Hills venait de lui. «M. O'Neal viendra vous chercher à dix-neuf heures trente.» La grande vie m'accordait son ultime accolade: un rendez-vous avec une des vedettes de cinéma les plus cotées et les plus désirables. C'était de la blague mais je m'y laissai prendre.

Ryan arriva en Rolls ouverte couleur taupe portant sa légendaire chemise de soie hawaïenne et des jeans. C'est par un tête-à-tête dans un restaurant polynésien que commença une liaison des plus brèves, des plus excitantes et des plus absurdes — une histoire d'amour d'une semaine à la Hollywood. La maison de Ryan est construite sur l'ancien domaine de John Barrymore, un bungalow bas entouré de clôtures de bois. Au printemps de 1979, il venait de tourner «The Main Event» avec Barbra Streisand et se considérait comme un boxeur de qualité. Il était charmant mais il était aussi gâté et vaniteux et faisait grand état de ses séances d'entraînement dans le gymnase qu'il avait fait construire derrière la maison.

La maison, bâtie autour d'une cour centrale avec piscine, était splendide. Sa chambre était décorée en tons rouge foncé avec des gravures Liberty et un immense baldaquin au-dessus d'un lit recouvert des plus beaux draps de fine toile. Tatum, sa fille, habitait chez lui. Ses appartements attenaient aux siens.

Elle était absente pendant notre idylle d'une semaine.

J'aimais bien Ryan mais je le trouvais superficiel et je savais qu'il représentait tout le côté négatif de ma vie: le jet set, les soirées folles. Le simple fait de le fréquenter prouvait que j'étais fidèle à la réputation à laquelle j'essayais précisément d'échapper. Sans être sensationnelle, notre semaine à deux fut quand même agréable. Il avait une bonne gentille qui nous apportait le petit déjeuner au lit et qui me dit qu'à part Ryan, j'étais la seule personne qu'elle eût connue qui semblait ne jamais vouloir se lever. Nous sortions rarement. Quand je n'étais pas dans un studio et que nous n'étions pas au lit, nous nous prélassions près de la piscine en causant de notre vie privée, souvent de nos enfants, des siens et des miens, et de ce qu'ils devenaient. Son dévouement évident envers ses enfants constituait, à mon sens, son côté le plus attachant.

Je restai une semaine avec lui et je retournais à l'hôtel Beverly Hills sur la pointe des pieds très tôt le matin ou pendant la journée, juste à temps pour m'habiller et pour me rendre aux interviews télévisés qu'on m'avait fixés. Parce que j'avais l'esprit tout à fait ailleurs, la promotion en elle-même sembla se passer sans incident. Je n'en ai qu'un vague souvenir.

Je me souviens, cependant, et non sans une certaine gêne, du jour où je rentrais de l'émission «The Mike Douglas Show» et que Ryan me refusa l'entrée de sa maison. Il me disait de partir car son fils y était en train de regarder la télévision et il ne voulait pas que je le rencontre. Sous le regard ahuri de mon chauffeur, je remontai ma jupe courte en cuir rouge et j'esca-ladai le mur très élevé qui entoure sa demeure. Je chancelais dans mes souliers en daim noir à talon très haut. Ryan n'était guère content de me voir atterrir chez lui quoiqu'il commençât bientôt de se pavaner face à tous ces égards que je lui destinais. C'était en sorte ce qui m'était arrivé à moi par rapport à lui: je m'étais jetée par-dessus bord, emportée d'une part par les nuits de Hollywood et d'autre part par l'image que je me faisais de moi-même dans le rôle d'un Errol Flynn féminin, avec Ryan comme vedette masculine.

Vers la fin de la semaine, j'en avais assez. Je ne supportais plus sa fatuité et son égocentrisme obsessionnel. Je ne supportais plus rien. J'étais exaspérée, exténuée et écoeurée de toute la frime hollywoodienne. En rétrospective, il y a un incident incohérent en particulier qui résume bien la confusion et l'impulsivité frustrée que je ressentais.

En rentrant au studio un jour, je dis à mon chauffeur que j'avais faim. Il me répondit qu'il connaissait un excellent restaurant de mets japonais à emporter. Il avait raison: c'était délicieux. Assise dans le fond de la voiture à dévorer mes boulettes de riz et mon poisson cru, je remarquai que Sunset Strip, où nous roulions, était submergé d'affiches annonçant le film de Ryan, «The Main Event.»

«Arrêtez, arrêtez,» criai-je.

Le chauffeur freina brusquement.

Emportant les restes de mon lunch, je descendis de la voiture, m'alignai sur une affiche de Ryan et de Barbra Streisand et, faisant de la nourriture une masse dans le creux de ma main, je la lançai de toutes mes forces.

Je fis mouche. Et c'est ainsi qu'à plusieurs mètres au-dessus de moi, à la vue du tout Hollywood, le joli minois de Ryan fut tout éclaboussé de riz et de poisson.

Je remontai dans la voiture. «Voilà pour toi, Ryan O'Neal,» me dis-je joyeusement en savourant ma douce vengeance. Je ne l'ai jamais revu.

Seule l'émission de Tom Snyder m'inquiétait parce que lui-même était absent et qu'une atrocité bien connue devait m'interviewer à sa place. Le talk-show est diffusé en direct à une heure du matin. Je fis venir ma limousine et me rendit seule jusqu'au studio. J'y aurais été très malheureuse si ce n'avait été la présence réconfortante de deux Australiens désormais oubliés qui étaient venus promouvoir leur propre affaire. Ils m'ont encouragée avant l'émission, ont attendu le postmortem avec moi et m'ont ramenée à l'hôtel.

Pendant ce temps, Suki Howard, le représentant de Paddington, m'organisait d'autres rendez-vous. Celeste Fremon du magazine «Playgirl», un magazine assez minable connu davantage pour ses photos sur deux pages d'hommes nus que pour ses interviews spirituels, voulait s'entretenir avec moi. D'abord, je refusai. J'avais déjà refusé «Playboy» qui était plus sérieux, alors pourquoi accéder à cette demande? Mais je finis par y consentir.

L'après-midi de mon départ pour New York, une fille tout à fait californienne, gentille et pleine de santé, se présenta chez moi. Elle s'appelait Celeste. Nous nous sommes si bien entendues dès le début que je ratai mon avion. «Ne t'en fais pas, me dit-elle. Prends-en un plus tard. Et puisque tu y es, pourquoi ne viens-tu pas avec moi au défilé de mode des vedettes qu'organisent Jane Fonda et Jon Voigt dans la salle de bal de l'hôtel Beverley Wilshire? J'ai deux places au premier rang.»

J'étais ravie. Pourquoi ne pas passer quelques jours de plus à Hollywood? Je n'avais aucune raison de rentrer en vitesse. Le spectacle splendide reflétait tout ce que le jeune Hollywood comporte de mieux. Les mannequins paradaient en dansant ou en patins à roulettes, parés de créations bizarres et folles des designers américains les plus en vogue et les plus avant-gardistes. Après le déjeuner, Celeste m'emmena dans les coulisses rencontrer Jane Fonda et Jon Voigt. En revenant dans le couloir, enchantée par les mannequins, les vêtements et l'ambiance folle de l'affaire, j'aperçus quelqu'un que je n'avais pas vu depuis fort longtemps.

Je portais des verres fumés. Je m'approchai de lui et fit semblant de trébucher. En tombant contre lui, l'homme se saisit de moi et me dit d'un ton de voix et dans des mots qui m'étaient encore remarquablement familiers: «Pas la peine de t'excuser, chérie.» C'était Jack Nicholson.

Jack était accompagné de son ami producteur Lou Adler et nous décidâmes de nous rencontrer tous les quatre (Celeste nous suivait) au Polo Lounge une demi-heure plus tard. Je voulais absolument voir Jack seul: Ryan et lui sont de vieux amis/ennemis et je préférais lui raconter moi-même cette liaison sordide avant qu'il ne l'apprenne de quelqu'un d'autre.

Je lui chuchotai que je voulais lui parler. «Bien sûr, ma chérie,» dit-il et il m'emmena à la toilette des hommes où je me juchai sur un siège de toilette pour que personne ne puisse voir mes jambes.

Nous venions à peine de fermer la porte lorsque s'ouvrit avec fracas la porte extérieure et que pénétra dans la pièce un homme gros portant un pantalon orange à en juger par les chevilles. Il ne faisait rien. Il attendait tout simplement. Il savait fort bien qu'il se passait quelque chose de louche.

Après avoir retenu notre souffle pendant ce qui semblait être une éternité, nous n'en pouvions plus et nous sommes sortis tout penauds.

Le détective de l'hôtel, car c'était de lui qu'il s'agissait, loin de nous faire la leçon, fut très poli. «Ah, c'était donc vous M. Nicholson, dit-il tout simplement. J'avais pensé que c'était peut-être des tapettes.»

Au Beverly Wilshire, tout le reste, semble-t-il, est permis.

Jack nous invita tous à sa maison située dans les montagnes. Lou Adler et Celeste vinrent un moment puis repartirent. Je restai, attirée une fois de plus par le charme irrésistible et narquois de Jack qui me disait: «Viens donc essayer mon jacuzzi, ma jolie.» Le jacuzzi à lui seul en valait bien la peine. Perché à la limite de sa propriété, il était aussi grand qu'une piscine et taillé à même le roc. Il surplombait tout la vallée du San Fernando. Nous nous y sommes allongés tout en sablant du champagne. Quand nous n'y étions pas, nous regardions des films dans sa salle de visionnement.

Je savais que Jack était encore épris d'Angelica et il m'annonça sous peu que sa soeur, Allegra, venait le jour suivant. La rencontre s'avérait désespérément brève mais je ne pouvais m'y refuser. En l'occurrence, une autre amie de Jack, une jeune anglaise nommée Rachel Ward, arriva en premier. Pour ne pas ternir la réputation de Jack (que dire de la mienne, me demandais-je), je dus passer rapidement une élégante robe en soie, cacher mes valises, contourner la maison pendant qu'il l'entretenait agréablement et sonner à la porte d'entrée tout en feignant n'être qu'une invitée venue prendre le thé.

Je vis Jack pour la dernière fois ce même après-midi lorsqu'un vieil ami, Brian Wilson, vint me chercher. Je tirais du moins ma révérence avec panache: Brian Wilson est un bel et grand homme qui mesure presque deux mètres et qui est arrivé au volant de sa Jensen, portant un pyjama en soie blanche. Comment Jack pouvait-il deviner qu'il ne s'agissait que d'un bon ami? En montant dans sa petite voiture sport ouverte, je regardai derrière moi et vis Jack au milieu de la rue s'arrachant le peu de cheveux qui lui restent et regardant vers moi d'un air perplexe.

J'arrivai à New York le soir des élections canadiennes. Les six semaines qu'avait duré mon absence n'en avaient pas été de bonnes pour Pierre. Acculé au mur, il avait dû procéder à des élections juste quatre semaines avant la fin de son mandat quinquennal. Mais le jeu était fait d'avance contre lui et de toute façon il n'avait pas su bien jouer ses cartes. Les Canadiens en avaient marre de leur Premier ministre charismatique; ils en avaient marre de son arrogance, de son orgueil, de sa condescendance hautaine et au fur et à mesure que progressait la campagne, ils avaient fait sentir leur mécontentement.

Mais Pierre accepte difficilement les conseils et l'attitude qu'il adopta trahissait une profonde insensibilité quand aux préoccupations du peuple. En faisant preuve de modestie, il eût peut-être encore pu remporter la faveur de l'électorat mais il ne lui offrit qu'un dédain impénétrable. Ainsi, pendant que Joe Clark répandait sa bonhommie par tout le pays, Pierre ne se donnait même pas la peine de se déplacer ou de coopérer avec les journalistes, indiquant par là même qu'il n'estimait pas Joe Clark un rival digne de lui et qu'il n'avait donc pas à craindre. Joe Clark avait partie gagnée: il ne lui restait plus qu'à se croiser les bras et à récolter le vote anti-Trudeau.

Très tôt le soir du 22 mai 1979, il devint évident que Pierre allait perdre. J'avais délibérément choisi de ne pas rentrer à Ottawa à temps pour les résultats car je savais que je ne devais pas m'en mêler. Je n'avais nullement participé à la campagne et je ne voulais pas maintenant attirer l'attention sur moi. Et je ne voulais pas non plus voter: je me sentais encore très apolitique.

Je passai donc la soirée seule dans un appartement de New York qui appartenait à des amis qui étaient allés à une cérémonie officielle. Il ne m'était jamais venu à l'idée que Pierre ne serait pas vainqueur. Je savais que la campagne s'était mal déroulée mais de là à croire que Pierre perdrait les élections, et à Joe Clark par-dessus le marché? J'allumai le téléviseur. C'est alors que me frappa l'horrible réalité et que je regrettai ne pas me trouver aux côtés de Pierre.

N'en croyant pas mes oreilles, je téléphonai à des amis d'Ottawa pour obtenir plus de renseignements, plus de résultats, d'autres résultats. C'était plus qu'une défaite, c'était une humiliation pure et simple. Pierre avait lui-même été réélu mais quatorze membres de son cabinet avaient perdu leurs sièges.

Lorsque mes amis rentrèrent, je voulais tout casser. Même si je n'aimais plus Pierre, sa défaite m'accablait et je partageais sa honte, sa peine et son humiliation. Je ne voyais que du noir tout autour de moi. Je n'arrivais pas à y croire. Pierre lui-même me le confirma en conversation téléphonique juste avant de donner sa démission. «Oh oui, dit-il, c'est vrai, tout à fait vrai. Nous ne sommes plus le gouvernement.»

Je m'emparai d'une bouteille de champagne dans le frigo et essayai de l'ouvrir avec mes dents jusqu'à ce que mes amis qui venaient de rentrer me l'arrachent de la bouche. Le bouchon monta en flèche jusqu'au plafond. Une minute de plus et il me sautait dans la bouche. J'étais trop humiliée pour que cela m'importe. Puis, contrairement à leurs conseils, j'insistai pour aller au Studio 54.

C'est là que me découvrirent les journalistes, à danser sans pitié et avec frénésie. Et c'est ainsi qu'ils me dépeignirent le lendemain aux yeux du monde: dansant, pour ainsi dire, «la taille nue» et les «cheveux en broussaille» sur le bûcher politique de mon mari. Ils ne pouvaient se douter de ce que je ressentais à l'intérieur.

Le lendemain, j'avais terriblement honte. J'avais aussi la grippe. Celeste Fremon arriva à New York et m'appela. Elle me supplia de lui accorder une dernière demi-heure d'interview pour compléter son article. Lorsque je refusai, elle protesta au nom de notre amitié, me dit qu'elle m'apporterait à manger et qu'elle tenterait de me consoler.

Je ne remarquai même pas qu'elle avait aussi apporté son magnétophone. Toute grippée que j'étais, j'oubliai aussi de lui demander de quitter la pièce lorsque Pierre me téléphona finalement d'Ottawa; elle fut donc témoin de notre conversation émotive. Il essayait de me faire comprendre et d'accepter la défaite. Paradoxalement, ce n'était pas moi qui le confortait, mais lui qui, paternellement et courageusement, essayait de me consoler, moi. Nous causâmes pendant quelques vingt minutes, parlant de détails intimes, de notre avenir, des enfants, de ce que j'avais fait, et même de la culpabilité que j'en ressentais. Pierre me répétait sans cesse que ce n'était pas de ma faute; je lui répondais que si. Celeste Fremon avait tout entendu.

7
Le déménagement

UNE semaine après les élections, je retrouvai le courage de retourner à Ottawa. J'étais déterminée à ne pas rentrer avant de pouvoir faire face à ce qui m'attendait, avant d'être assez joyeuse pour réconforter Pierre au lieu de l'accabler de ma propre déception. Je le trouvai en pleine forme. Il riait même de sa défaite, et paraissait tout à fait résolu à ne pas laisser voir son accablement. J'arrivai à Ottawa à temps pour la passation des pouvoirs. Le lundi 4 juin, par une magnifique journée printanière, Pierre se rendit lui-même dans sa Mercédès à la résidence du Gouverneur général. Il déjeuna avec lui, et lui rendit le symbole du pouvoir, le Grand Sceau du Canada. En partant, il se tourna vers les journalistes qui l'attendaient sur les marches et leur lança: «Je me sens libre.»

J'ignore s'il s'agissait véritablement d'une libération pour Pierre, mais personnellement j'avais du mal à accepter cette épreuve. D'une part, j'avais beaucoup de peine pour Pierre que je savais humilié sous son masque serein et impassible. D'autre part, je m'en faisais pour moi et pour la famille. J'étais profondément attristée d'avoir à quitter du jour au lendemain la maison que j'avais transformée, de l'avis de tous, d'une résidence officielle, morne et inaccueillante, en une demeure magnifique et élégante. Même si je savais que nous n'y habitions qu'en tant que locataires politiques, je ne pouvais m'imaginer être éjectée de façon si décisive du nid où j'avais nourri mes trois bébés, où j'avais présidé à tant de cérémonies officielles, où j'avais formé, avec une patience infinie et malgré de nombreuses mésaventures, un personnel fort efficace.

Et bien sûr, je ressentais quelque part au fond de moi, malgré mes dénégations, que j'étais au moins partiellement responsable de la défaite de Pierre. Même si j'avais pratiqué la politique de l'autruche au sujet des commentaires que la presse me destinait, je connaissais les questions qu'on s'était posées à Ottawa durant la campagne électorale: «La vie privée de Pierre Trudeau a-t-elle affecté son jugement?» «Peut-on garder à la tête du pays le mari d'une femme comme Margaret?» Le «facteur Margaret», avais-je lu subrepticement dans un journal, avait, selon plusieurs, joué un rôle déterminant dans la défaite des Libéraux.

À certains moments de la campagne, cette question avait fait couler plus d'encre que le million de chômeurs, le taux d'inflation dépassant les 10% et les problèmes énergétiques du Canada.

Était-ce donc cela le résultat de ma folle conduite, de mes indiscrétions terribles, de mes escapades et de mes dépenses extravagantes? Étais-je responsable de la défaite de Pierre? Que devait-il penser de moi? Pierre ne m'adressa jamais le moindre reproche. Il était, m'assurait-il, responsable de sa défaite. Cette attitude est typique de la générosité de Pierre qui, tout en étant près de ses sous, est aussi l'être le plus tolérant que j'aie jamais rencontré. Ses collègues ne semblaient pas non plus me blâmer, mais je les soupçonnais de se comporter ainsi uniquement par gentillesse.

Mais il m'était impossible de ne pas broyer du noir. Ma tournée publicitaire, ma terrible aventure au Pérou et mes liaisons éphémères avec Jack et Ryan m'avaient laissée dans un état d'extrême tension nerveuse et de surexcitation, et je me sentais de plus en plus perdue et de moins en moins certaine de pouvoir me ressaisir plus longtemps. Pour oublier tout cela, je me lançai à corps perdu dans l'organisation de notre déménagement.

Je remis à plus tard toute décision concernant l'avenir de la famille, quoique j'eusse perdu toute confiance en Pierre depuis la nuit de mon hémorragie. Sans croire non plus à une réconciliation prochaine, j'étais néanmoins trop affligée et Pierre trop préoccupé par sa défaite pour ressasser les mêmes vieilles questions.

Bien avant le dépouillement final des bulletins de vote, avant que le peuple canadien n'ait pu se rendre compte qu'il avait un nouveau Premier ministre, et avant que nous ayions eu le temps de panser nos blessures, les Clark étalaient leur triomphe. Pas seulement leur plaisir devant la victoire politique, ce qui était compréhensible, mais aussi leur intention de mettre en branle le plus tôt possible le nouveau régime. Dans la semaine précédant mon arrivée à Ottawa, Maureen Mc-Teer (bien que l'épouse du nouveau Premier ministre elle hésitait à en porter le nom, ce qui me paraissait absurde) avait visité le 24 Sussex en compagnie de son décorateur afin de jeter un coup d'oeil sur son héritage. Après avoir fait le tour des pièces officielles, elle demanda à Pierre de visiter l'étage supérieur. Elle fut quelque peu surprise quand il refusa. Peu disposé à lui laisser voir mes choses personnelles, il ne voulait pas non plus lui laisser entrevoir la façon dont nous menions notre vie privée.

J'avais très peu eu affaire aux Clark, mais ce que j'en savais ne me poussait pas à les aimer. Joe, malgré son allure un peu niguaude et ses manières de faux John Diefenbaker, reste néanmoins un brave type. Sa bienveillance et sa courtoisie le font paraître plus vieux qu'il n'est. «Une mauviette,» voilà comment les gens l'appelaient. Je ne doutais pas qu'il fût un bon organisateur politique, seulement qu'il fût un bon Premier ministre. Il aurait sûrement mieux fait de devenir président du parti Conservateur. Maureen, quant à elle, n'est tout simplement pas mon genre de femme: pleine d'entrain, brave, dépourvue d'humour, elle voguait fièrement à cette heure. Elle m'avait toujours donné l'impression d'une bonne fille de la campagne ontarienne mais d'une grande ambition. Intelligente. Très froide. J'appréhendais une série de rencontres au cours desquelles elle ferait état de son dévouement manifeste tout en faisant allusion à ma culpabilité. Mais jamais je n'aurais pu m'imaginer la trivialité de nos entretiens.

J'eus une seule conversation téléphonique avec Maureen, avant de déménager du 24 Sussex. Ayant appris de la part de Mme Bennett, notre gouvernante, que Maureen entendait effectuer de nombreux changements, je crus de mon devoir de lui laisser savoir que nombre des objets que nous avions installés étaient d'une rareté et d'une valeur considérables, et que, puisqu'ils faisaient partie du patrimoine national, il ne fallait pas les mettre au rancart ou les cacher dans les oubliettes du ministère des Travaux Publics. Elle paraissait de prime abord écarter mes suggestions et me faisait bien comprendre par exemple que le velours italien que j'avais commandé spécialement pour le canapé principal n'allait pas du tout (elle l'a fait recouvrir de velours côtelé bleu marine). Mais elle apprécia davantage ma décoration d'intérieur en en apprenant le prix.

Au début de juillet, Pierre, Justin, Sacha, Michel et moi déménageâmes à Stornoway, la résidence officielle du chef de l'opposition. C'est une maison en stuc, grise, carrée, sans noblesse, sans vue, sans ambiance et sans élégance, bref une maison sans charme, à l'exception de la véranda, mais même celle-ci était inhabitable. Une mouffette y avait vécu si longtemps que son odeur en imprégnait le bois.

À l'intérieur, Stornoway était un véritable cauchemar. En fait, l'apparence et le décor étaient si moches qu'il était difficile de ne pas croire que Maureen et Joe s'en étaient servi comme d'une ruse ou d'un stratagème pour faire étalage de leur frugalité.

D'abord, elle était terriblement sale. Dans chaque pièce, les ordures vous montaient jusqu'aux genoux — au 24 Sussex nous avions vidé chaque corbeille à papier — et il fallut trois jours pour nous débarasser de tout cela. On n'avait pas lavé les baignoires et les lavabos depuis des jours; une des toilettes était bouchée.

On n'avait rien fait pour égayer les pièces de cette triste maison: elle comptait à peu près dix-neuf pièces exiguës, et on les avait toutes peintes et décorées de sorte qu'elles soient toutes plus tristes les unes que les autres. Un vieux brun grisâtre prédominait; le joli parquet de bois avait été recouvert de linoléum ou de moquettes miteuses; le papier peint de la plus basse qualité s'effilochait dans les coins, et Maureen avait tapissé la salle à manger de papier paille synthétique doré. Aucune fenêtre n'avait de rideaux et les salles de bains avaient été rapetassées avec ce qui semblait être les restes du linoléum de la cuisine. Aucune touche féminine: aucune élégance. En allant d'une pièce à l'autre, j'avais peine à ne pas pleurer mes papiers peints italiens et mes tentures de soie.

En outre, rien ne fonctionnait correctement à Stornoway. Les inspecteurs du ministère fédéral des Travaux Publics, que j'avais eu tôt fait de consulter, furent scandalisés quand ils visitèrent les lieux. Il revient aux gens qui habitent ces résidences officielles de les garder en parfait état. Les inspecteurs me confièrent que les Clark leur avaient toujours dit que tout fonctionnait à merveille, et que par voie de conséquence aucun inspecteur n'y avait mis les pieds depuis des années. La toiture laissait entrer la pluie et avait besoin de réparations; il fallait remplacer le système de chauffage, réparer les planchers, replâtrer les murs. Les tuyaux étaient si entartrés qu'on nous suggéra de ne pas boire l'eau du robinet. Je ne fus, somme toute, pas surprise de découvrir dans les rebuts une grande boîte en carton qui contenait des photos de la famille McTeer. En s'en débarassant, Maureen disait adieu à une vie qu'elle quittait avec allégresse.

Entre-temps, les Clark s'étaient mis à retaper le 24 Sussex. Pierre et moi avions convenu de n'emporter que le strict minimum et de leur laisser la résidence telle quelle, avec tout ce qu'elle contenait de meubles, de tableaux et de porcelaines. Nous n'avions pris que nos vêtements. Je regrettais mes assiettes Ginori orange, mais décidai à la dernière minute qu'il serait mesquin de les emporter, surtout qu'elles s'assortissaient si parfaitement au papier peint Fortuny de la salle à manger. D'autant plus que Maureen m'avait assurée qu'elle entendait tout laisser tel quel.

Elle ne tint pas parole. Bientôt, on me parla du saccage et du viol du 24 Sussex. On en avait arraché tout ce qu'il y avait de plus beau, tout ce que j'avais le plus chéri, et on l'avait remplacé par ce qu'il y avait de plus médiocre. On avait sectionné les tentures de soie jaune pour qu'elles pendent misérablement à mi-fenêtre. Un papier peint beige recouvrait désormais mon papier Fortuny, tandis que le plafond ouvré, que j'avais pris grand soin de laisser tel quel, ressortait d'un or criard. (Elle avait dit à des amis qu'elle ne pouvait endurer l'orange du papier Fortuny qui lui rappelait trop le rouge des Libéraux; pourtant, la salle à manger de Stornoway arborait un orange citrouille.)

Puis, Maureen fit enlever la moquette neutre que j'avais choisie pour le rez-de-chaussée, et la remplaça dans le hall par d'énormes carreaux de linoléum noirs et blancs du plus mauvais goût banlieusard. Pour couronner le tout, elle décida d'égayer les salles de réception avec des housses fleuries. Et quoique dans l'ensemble elle n'altéra pas trop l'ordre des pièces, elle décida néanmoins de transformer notre charmante bibliothèque en une sorte d'antichambre d'empereur, où les courtiers du Premier ministre pourraient l'attendre en se servant du café dans des tasses de plastique à partir d'une cafetière industrielle qui bouillait constamment. Je ne savais plus ce qui me déprimait le plus: ce que j'avais hérité de Maureen ou ce qu'elle vandalisait de mon passé.

Le personnel subit le même sort que les meubles. Hildegard (la bonne), Ruth (notre cuisinière) et Rosa (la blanchisseuse) choisirent de nous suivre à Stornoway. Elles étaient à notre service depuis trop longtemps, disaient-elles, pour vouloir changer. Mme Bennett partit lorsque Maureen lui ordonna de faire le service de table; une autre bonne démissionna le jour où on la chargea de servir les repas en plus de nettoyer les salles de bains. Ce régime aussi confus qu'impraticable irritait les domestiques. Pierre et moi n'avions jamais donné deux déjeuners officiels (un pour lui et un pour moi) le même jour. De plus, nous avions toujours fait travailler le personnel par équipes et lui accordions de généreux congés. Maureen s'attendait à un service constant. Sa notion d'égalitarisme se traduisait par une politique sans direction, où tout le monde devait donner son petit coup de main. Accoutumés à la hiérarchie et à la routine, il n'est pas très étonnant que certains membres du personnel se soient sentis perdus.

Seul Yannick restait imperturbable devant le chaos, même s'il s'offusquait de voir sa splendide cuisine française remplacée par des menus inspirés des recettes de boîtes de conserve. Cela lui demandait bien entendu moins de travail: des spaghetti bolognaises au lieu de quenelles de poisson, du boeuf stroganoff et un flan aux framboises pour quarante personnes. Même lui trouvait insupportable la présence constante de la petite fille des Clark, Catherine, qui n'avait alors que deux ans. Maureen ne croyait pas aux nurses et avait placé son enfant dans une garderie. Malheureusement, ses heures de garde étaient plutôt courtes, et puisque Maureen s'affairait à ses études de droit, l'enfant passait presque la journée entière à la maison sans surveillance.

Seule la résidence du lac Harrington échappa aux ravages de Maureen. Occupée à chambouler le 24 Sussex elle n'eut le temps que d'y jeter un coup d'oeil et jugea bon de remettre cela à plus tard; heureusement d'ailleurs, car c'est ce retard qui sauva la maison. Les Clark s'en servaient de temps à autre mais pas comme nous. Pour nous, c'était un refuge familial; pour les Clark, c'était une autre résidence où donner des réceptions.

Entre-temps, Pierre et moi nous efforcions de nous habituer à Stornoway. Pendant les premiers six mois, c'était la vie sur un chantier: plombiers, plâtriers et menuisiers entraient et sortaient tour à tour et essayaient de remettre la maison en ordre. Cette fois encore, Pierre et moi convîmes de faire chambre à part, et cette fois encore je préférai une chambre de domestique à l'étage supérieur, à côté de la salle de jeu des enfants. Pierre occupa la chambre principale au premier étage.

Mais notre vie n'avait plus rien de la splendeur officielle de naguère. Ruth cuisinait, mais sans recherche; c'était tout le contraire de la riche cuisine de Yannick. La simplicité de son style convenait à Pierre cependant. Il se souciait des économies puisqu'il réglait désormais la facture alimentaire de sa propre poche. Il voyait d'un mauvais oeil que je mange du steak.

Ce sont les garçons qui s'adaptèrent le mieux au déménagement. Ils se réjouissaient de retrouver une certaine liberté qui leur avait été impossible sous la surveillance des agents de sécurité. Pierre et moi les accompagnions à l'école tour à tour, et nous avions pris plaisir à aménager leurs trois chambres. Pierre leur avait lui-même acheté des meubles.

Mais je remarquai bientôt que Pierre s'accommodait mal de sa défaite. Son insouciance disparaissait sous le poids de l'ennui et de la frustration. Quand, sous l'effet de la boisson, j'avais dit aux reporters le soir des élections que «Pierre fera le meilleur chef de l'opposition, non seulement parce qu'il continuera de lutter pour la liberté individuelle, mais aussi parce qu'il luttera contre l'ennui,» je ne m'imaginais guère jusqu'à quel point Pierre serait impuissant d'agir. Il s'était depuis longtemps habitué à l'idée et aux rouages du pouvoir, et, du jour au lendemain, cela lui avait été dérobé. Il avait perdu nombre de ses aides, il n'était plus protégé par ses agents de la GRC. On l'avait dépossédé du statut qui depuis si longtemps lui était revenu automatiquement et de droit. Et on lui avait dérobé le seul endroit qu'il ait vraiment aimé, le lac Harrington.

Pas étonnant donc qu'il fût déprimé. Il en était réduit au rôle d'observateur, alors que Clark multipliait les faux pas sur des affaires que Pierre avait si délicatement mises en train. Ainsi, par exemple, peu de temps après son élection, Clark décida de muter l'ambassade du Canada en Israël de Tel Aviv à Jérusalem, ce qui aurait eu pour effet d'aliéner le monde arabe au complet. Après plus mûre réflexion sur les énormes contrats canadiens dans le monde arabe, il fut obligé de revenir sur sa parole, au grand chagrin des Israéliens.

Pierre avait pu garder son bureau; Joe Clark n'en avait pas voulu, sous prétexte qu'il était trop petit. Mais il me semblait que Pierre s'y rendait de moins en moins et qu'il préférait déléguer à ses premiers assistants les petites charges normalement dévolues au chef de l'opposition. Il disparaissait de plus en plus à la campagne. Il se laissa pousser la barbe. Il partit en vacances au Québec, puis en Nouvelle-Écosse, avec les garçons. Et il se joignit ensuite à une expédition de canoë sur les rivières Hanbury et Thelon dans les territoires du Nord-Ouest. À l'automne, il s'aventura au coeur du Tibet, sans doute pour se livrer à une réflexion sérieuse. Je me demandais combien de temps encore il resterait en politique.

En août, pendant le canotage de Pierre, j'emmenai les enfants à Vancouver chez mes parents. Un jour, mon père répondit au téléphone. Une voix inconnue lui demanda: «M. Sinclair, pouvez-vous me parler de l'avortement de votre fille Margaret?»

Ma famille en fut totalement sidérée; ils n'en savaient rien.

Je pensai un instant qu'il s'agissait d'un bluff. Et puis je me suis souvenue: Celeste Fremon. New York, le lendemain des élections. Elle était arrivée chez moi, les bras chargés de fruits, et m'avait demandé d'où venaient mes contusions (je me remettais encore des transfusions sanguines et de mon amygdalectomie). Dans ma confusion enfiévrée et pleine d'apitoiement sur mon propre sort, j'associai la délicatesse de ma peau à mon groupe sanguin (Rh négatif), et lui dit que tout cela avait été causé par mon avortement. Et puis je parlais et parlais…

Et voilà que je retrouvais tout dans «Playgirl». Selon l'interview transcrit par Celeste, j'avais subi un avortement à l'âge de dix-sept ans, effectué par un médecin ivrogne, et j'avais le lendemain jeté le foetus dans les toilettes du grand magasin où j'étais employée, et ce parce que le capitaine de l'équipe de football de mon collège m'avait engrossée... Et, toujours selon elle, je lui avait également dit, entre mille autres révélations, que j'aimerais toujours le sénateur Kennedy «du plus profond amour» et que j'avais passé une nuit avec Ryan O'Neal.

Dans la longue suite de désastres et d'indiscrétions, cet interview l'emportait facilement. Je ne pouvais rien dire pour me défendre. «Comment comptes-tu vivre le reste de tes jours?» me demanda ma mère sèchement. En effet, comment? Mon père m'opposait un silence glacial. Pierre avait l'air âprement déçu. Personne n'aurait pu m'humilier davantage: un traître aux yeux de Pierre, une salope aux yeux du monde. Je savais alors que j'avais atteint mon point le plus bas et que jamais je ne pourrais rebrousser chemin.

8
La rupture finale

ASSISE dans le salon de ma mère à Vancouver me sentant comme une méchante petite fille, je passai en revue ma situation. Elle paraissait ténébreuse. En essayant de dépêtrer la situation engendrée par mes indiscrétions qui faisaient encore les grands titres des journaux canadiens, je voyais qu'il ne me restait plus de choix. Les bribes d'amour que Pierre pouvait encore ressentir pour moi étaient mortes: impossible de me racheter après l'article de «Playgirl».

De fait, je ne sais vraiment pas comment j'aurais pu regarder qui que ce soit dans les yeux, n'eût-ce été une rencontre avec Jeanie Southam, la mère d'une de mes vieilles amies; une femme qui n'avait pas la langue dans sa poche. Membre d'une famille propriétaire de plusieurs journaux, elle était bien au courant de mes déboires. J'étais allée voir sa fille Stéphanie sur l'île de Vancouver, tout en sachant que je rencontrerais sa mère et tout en appréhendant ses remontrances. Incapable de soutenir son regard, je me glissai honteusement dans une chaise sur la plage, à côté d'elle.

Elle m'étonna en écartant ma culpabilité obsessionnelle. «Voyons Margaret, dit-elle brusquement, relève la tête. Tout le monde a fait des histoires impossibles. J'en ai commis plusieurs que je regrette maintenant. Seulement, ça ne s'est jamais su. Alors, courage.»

L'article de Celeste Fremon et les réactions de tous ceux qui m'entouraient produisirent aussi un autre effet. Cette affaire m'apprit à reconnaître de façon très aiguë que j'étais seule responsable de mes actes et que je n'avais de comptes à rendre à personne et qu'eux n'en avaient pas à me rendre non plus. Je pouvais enfin choisir mon propre avenir et créer le mode de vie qui me convenait le mieux. Le fait d'avoir écrit «À coeur ouvert» y était sans doute aussi pour quelque chose: l'analyse d'une vie, même aussi brève que la mienne, implique un processus de croissance. En retraçant les événements vécus et les décisions prises et en essayant d'en comprendre les mobiles, je pouvais quitter Pierre. Je pouvais et j'allais le quitter.

Ma première réaction à cette prise de conscience soudaine fut typiquement farfelue. Sans songer aux implications, je décidai de m'établir à Vancouver, somme tout de retourner à mon enfance, de prendre un appartement tout près de mes parents et de repartir à zéro. Mais je ne songeais pas au fait que de Vancouver à Ottawa il y a plus de 4 000 kilomètres et que mon avenir ne comprenait sûrement pas la garde de mes enfants; et je ne songeais pas à l'intransigeance de Pierre et au fait que je serais obligée de me déplacer pour les voir car Pierre ne leur permettrait jamais de venir jusqu'à moi.

Quelques bonnes amies d'Ottawa m'apportèrent un soutien inattendu (inattendu parce qu'à l'époque je n'attendais rien de personne). Nous nous appelions le groupe des cinq — Jane Faulkner, Nancy Pitfield, Gro Southam, Rosemay Shepherd et moi. Elles me connaissaient assez bien pour savoir que j'avais besoin d'aide et n'attendaient que le déménagement de Pierre à Stornoway pour lui parler de moi. Tant qu'il avait été Premier ministre, elles n'avaient pas voulu se mêler de tout ça. Maintenant que Pierre n'avait plus les mêmes responsabilités, notre vie intime était retombée à un niveau ordinaire.

Lorsque je rentrai à Ottawa de Vancouver, Jane et Hugh Faulkner me permirent de rester chez eux plutôt que d'aller habiter à Stornoway. Ils se cherchaient une nouvelle nurse, et la chambre occupée par l'ancienne devint mon refuge. Les Faulkner me comprenaient parfaitement. Hugh, qui avait été membre du conseil des ministres de Pierre et député pendant quatorze ans, avait été défait aux dernières élections et se cherchait un nouvel emploi, et Jane partageait mon humiliation et ma colère devant ce qui s'était passé. Qui plus est, elle était convaincue que Pierre voulait m'intimider, aussi était-elle déterminée à faire son possible pour me protéger.

Il y avait aussi Nancy Pitfield, l'épouse de Michael, le secrétaire du conseil, qui avait aussi perdu son poste aux élections et qui donnait désormais des cours à Harvard. Avant de déménager à Boston, Nancy avait rendu visite à Pierre. Elle lui avait dit qu'il était devenu aveugle et qu'il ne voyait pas mon chagrin, qu'il était grand temps selon elle que nous nous séparions, et que c'était bien la moindre des choses pour lui que de m'aider à repartir à zéro, car il me fallait un foyer.

Pierre, qui plus tard me raconta cette conversation, n'aimait pas du tout ce genre de discussion. Lorsque je lui demandai ce que Nancy avait dit, il haussa les épaules. «Elle croit que tu es folle. Toutes tes amies te croient folle. Elles savent que tu as perdu la tête.»

C'était de la méchanceté pure et simple. Jusqu'à ce que j'aie le courage de poser à Nancy la même question (et elle le nia sur un ton de rage), je ressassai inlassablement ces paroles.

Étais-je vraiment folle?

Était-ce la raison de ma mauvaise conduite?

En rétrospective, tout me paraît tellement plus simple. Il ne s'agissait pas de ma folie mais du fait que moi et toutes mes amies examinions nos vies et trouvions qu'elles laissaient à désirer. Nous abandonnions toutes nos foyers, nous changions nos vies, et ce n'était guère facile. Mon amie Gro, Norvégienne, récemment divorcée de Hamilton Southam, essayait de se décider à ramener ses enfants avec elle en Europe et à faire ses études chez Christie, la maison de vente aux enchères de Londres. À sa façon, elle était aussi bouleversée que moi.

C'était si réconfortant de savoir que je n'étais pas la seule. Lorsque nous nous rencontrions toutes les cinq, nous ne cherchions pas à éplucher mes infidélités mais à trouver comment nous ferions face aux nouvelles réalités. Nous cherchions à savoir comment même des femmes dans la trentaine pouvaient dire: «Non, ça ne me satisfait plus. Il faut que j'essaie autre chose.» Après ces discussions, je ne me sentais plus si seule.

Septembre et octobre sont mes mois favoris à Ottawa. Les feuilles qui changent de couleur, l'absence de moustiques, l'été des Indiens, me charment plus que toute autre chose dans la capitale. Mon projet de vivre à Vancouver n'avait pas résisté à la réflexion, et j'étais retournée à Stornoway. Un jour, j'allais chercher les petits à l'école. Je lambinais dans une rue bordée d'arbres et vis une petite maison qui était à vendre. L'écriteau me poussa à l'action. Voilà ce que je ferais: j'achèterais une maison. Et je l'achèterais à Ottawa afin d'être près des petits pour qu'ils puissent passer les week-ends avec moi.

La chance me favorisait. Je déposai les enfants et me hâtai chez mon amie Rosemary pour lui faire part de mon projet. Elle avait l'air ravie: «Margaret, j'ai tout à fait ce qu'il te faut. Mes amis les Lawries veulent vendre une maison qu'ils remettent à neuf depuis quatre ans. Elle est parfaite, et on vient de la mettre sur le marché.»

Je voulais voir cette maison immédiatement, mais dus attendre puisque les Lawries étaient en vacances dans le Maine. Le jour de leur retour, je me précipitai chez eux. Il ne me fallut qu'un instant pour constater que j'avais trouvé ma maison. La salle de séjour donnait sur une de ces anciennes vérandas grillagées: ça me suffisait, inutile d'en voir davantage.

Pour une fois, je n'avais pas de problème d'argent. Pierre refusait toujours de m'en donner mais j'en gagnais moi-même beaucoup. «À coeur ouvert» était devenu un best-seller international. L'argent affluait de toutes parts et sinon dans mes poches, du moins dans celles des Marqusee chez Paddington Press. Même s'ils ne semblaient pas pressés de me le faire parvenir, je ne me faisais aucun souci. Les Lawries demandaient cent trente-cinq mille dollars. Je leur en offris cent trente-trois, car la salle de séjour n'avait pas été repeinte. Ils acceptèrent. Faisant fi des objections de mon avocat Morton (Cookie) Lazarus (selon lequel je n'étais ni assez riche ni assez logique pour prendre une telle décision), je télégraphiai à Paddington de m'envoyer mon premier versement de soixante mille dollars. Ce qu'ils firent avec une certaine répugnance. Puis je signai le contrat d'achat.

Ma nouvelle demeure m'enchantait un peu plus tous les jours. Elle était située sur une jolie petite rue à cinq minutes de voiture de Stornoway et de la rue Sussex. Ce qui était fort pratique pour les garçons. Et avec le temps, je vis que ma maison était charmante, sans prétention et superbement rénovée, avec son éclairage indirect, ses murs blancs et son parquet de pin, c'était à la fois moderne et intime. Elle demandait très peu d'améliorations mais je décidai d'y procéder avec autant de goût et d'élégance que possible. J'avais d'abord besoin de tentures épaisses pour me protéger contre le froid de l'hiver, mais je donnai la priorité à la chambre principale qui serait ma chambre et qui ne serait pas cette fois au grenier. C'était la seule chambre qu'on n'avait pas tapissée à mon goût.

J'avais toujours rêvé d'une chambre rose. C'était l'occasion de réaliser mon rêve: je fis peindre les murs rose incarnat, poser un tapis rose pâle moelleux et habiller les fenêtres de tentures d'inspiration japonaise (je n'appris que plus tard que le rose est reconnu comme un couleur tranquilisante qui rappelle le ventre de la mère et que l'on fait de plus en plus peindre certains murs en rose dans les prisons à cause de son effet tranquilisateur).

Je rapportai tapis, linge et porcelaine de l'appartement new yorkais et j'achetai certaines choses, comme des lits à étage pour les enfants et des ustensiles de cuisine. Puis la chance me favorisa de nouveau. J'étais sur le point de m'endetter davantage en achetant du beau mobilier lorsque les Faulkner proposèrent de me prêter leur importante collection de meubles anciens, parce qu'ils déménageaient dans une maison de campagne déjà meublée près de Montréal.

Les meubles arrivèrent en novembre 1979, et ce jour-là, je compris finalement ce qui m'était arrivé: je me sentais en grande forme. En entrant dans la maison, je me mis à danser tout autour de la cuisine dénudée comme une possédée; je ne croyais plus pouvoir ressentir un bonheur si intense et j'en avais la tête qui tournait. Le livreur du magasin de meubles Johnson fut mon premier visiteur; il apportait une table de cuisine du genre billot de boucher. J'y préparai solennellement un petit casse-croûte et commençai ma nouvelle vie.

Pierre n'avait pas visité mon nouveau foyer mais m'observait de loin, et mon exemple l'avait incité à se chercher lui aussi une maison. Il avait décidé que lorsque viendrait le temps de quitter la politique, il se retirerait dans la partie francophone de Montréal; il se mit donc à chercher une maison convenable dans les banlieues. Fidèle à lui-même, il se décida en faveur de la seule maison de Montréal qui avait été désignée comme monument historique: un manoir style art déco sur l'avenue-des-Pins conçue dans les années trente par l'architecte québécois Ernest Cormier qui avait aussi conçu l'édifice de la Cour Suprême à Ottawa.

Vers la fin novembre, de furieux coups à la porte m'éveillèrent. En ouvrant, je découvris que le petit jardin devant la maison baignait sous le feu des projecteurs et pullulait de journalistes et d'équipes de télévision.

«Mme Trudeau, lança un journaliste, quelle est votre réaction?»

J'étais confuse. Ma réaction à quoi? Heureusement, un autre cria: «Que pensez-vous de la démission de votre mari du poste de chef du parti libéral?»

Je gardai mon sang-froid. «Je n'entends nullement vous faire part de ma réaction,» dis-je aussi gentiment que possible, et je refermai aussitôt la porte.

Puis je me mis à trembler de rage contre Pierre. Comment pouvait-il me faire ça à moi? Comment avait-il pu prendre une telle décision sans même m'en parler, et me faire passer pour une idiote? Je montai à l'étage, m'habillai, ramassai le chat des garçons, qui avait passé la nuit avec moi, et me rendis en trombe à Stornoway pour en savoir davantage.

Pierre se riait tout simplement de moi. Plus je tempêtais, en disant: «Pourquoi tu ne me l'as pas dit? Craignais-tu que je trahisse ta confiance?», plus il riait. Je compris alors que c'était un jeu pour lui, qu'il essayait de m'exclure de sa vie tout comme j'essayais de l'exclure de la mienne.

Je n'étais cependant pas tout à fait surprise de sa décision. Tout au long de l'été et au début de l'automne 1979, la futilité de son rôle de chef de l'opposition l'avait miné. J'avais l'impression qu'il ne pensait plus avoir de rôle à jouer dans l'avenir politique du pays. Et il avait soixante-et-un ans. S'il voulait se préparer un avenir quelconque, il devait s'y mettre dès maintenant.

Les Libéraux accueillirent sa démission avec consternation. On lui fit des éloges d'un bout à l'autre du pays, et quand la nouvelle se répandit, il retrouva son ancienne popularité. Dans les journaux et dans les bulletins de nouvelles, chroniqueurs et journalistes louangeaient le Premier ministre que naguère ils dénonçaient. Ils préféraient subitement souligner son charisme, son énergie incroyable et la renommée internationale qu'il avait faite au pays. Pierre se chauffait aux rayons de sa gloire ancienne même s'il traitait cet enthousiasme dithyrambique de «notice nécrologique.»

Puis, dans les trois semaines, le gouvernement Clark décida de déposer son budget. Fait ni exceptionnel ni imprévu en soi, ce budget devint néanmoins le plus grand fiasco politique de sa carrière. Pour le faire voter, les Conservateurs devaient obtenir l'aval du Nouveau Parti Démocratique qui est un parti de gauche. Et pourtant ils préférèrent déposer un budget que n'importe quel parti même vaguement socialiste se devait de refuser à cause de ses dispositions sociales et économiques. Entre autres, Nancy Jamieson, l'assistante législative de Clark, l'avait prévenu que ce serait la catastrophe. Personne ne voulut rien entendre. Le soir même de la défaite des Conservateurs à la Chambre des Communes, Joe Clark fut obligé d'en appeler aux électeurs.

Cette tournure des événements posait un dilemme à Pierre et aux Libéraux. Non seulement personne ne s'annonçait-il comme le successeur de Pierre dans le parti, mais aussi, et selon le règlement du parti, on n'avait pas le temps d'organiser un congrès pour désigner un nouveau chef. Pierre délibéra; les Libéraux délibérèrent. Quelques jours plus tard, on annonça la nouvelle: Pierre ne quitterait pas la direction du parti. «Il est de mon devoir, déclara-t-il aux journalistes, de répondre à l'appel du parti.» Encore une fois, il jura de se battre inlassablement afin de ramener les Libéraux au pouvoir et de ne pas rendre sa démission tout de suite après sa réélection mais d'exécuter jusqu'au bout son nouveau mandat. Les journalistes en furent ébahis. Certains chroniqueurs décidèrent qu'ils avaient exagéré leurs éloges.

Le défi le releva. Naguère déprimé et abattu, il redevint combatif du jour au lendemain et livra une campagne brillante. Sa défaite l'avait diminué, et il avait perdu pour l'instant son arrogance et son sarcasme. Il prononça un excellent discours et ne fit aucune promesse à part celle de remettre le pays en marche. Puis il partit en tournée, non pas des grandes villes, mais des petits villages, qui lui accordent toujours leurs faveurs. À toutes ses escales, les foules lui souhaitaient bonne chance.

Comme pendant les élections de 1974, tout tournait en sa faveur. Il y avait sept mois, Joe Clark avait pu se contenter de récolter un vote anti-Trudeau; mais c'était cette fois la situation inverse. Les six mois du chef conservateur qui se perdait en réceptions et qui avait la mauvaise habitude de suivre les conseils les plus farfelus avaient persuadé le peuple canadien qu'il lui fallait un Premier ministre sûr de lui, qui connaissait à fond ses dossiers, qui faisait des journées de seize heures, pas par fanatisme mais parce qu'il croyait de son devoir de prévoir toutes les contingences.

Le pauvre Joe s'en tira très mal. Il devint vite un sujet de plaisanterie à Ottawa de dire que Joe n'avait eu le temps pendant son mandat que de changer la raie de ses cheveux, et seulement parce qu'une agence de relations publiques lui confia que les gens se méfiaient de lui à cause de sa coupe de cheveux bizarre. Quant à Maureen, les élections n'auraient pu arriver à pire moment: en pleine période d'examens, elle dut se partager entre ses études et son porte-à-porte frénétique.

Pour ma part, les élections, petit aléa de l'histoire politique canadienne, furent une occasion miraculeuse, car tandis que Pierre se donnait sérieusement à sa campagne, j'avais la garde des garçons. Et ma maison, ainsi que ma nouvelle stabilité manifeste, obligèrent Pierre lui-même à avouer que j'étais en mesure de m'en occuper. Quand il quittait Stornoway en tournée électorale, les garçons faisaient leurs malles, prenaient leur chat, et s'installaient chez moi.

Ce fut une heureuse période de ma vie — au plan pratique du moins. Mes dix années de résidences officielles, de blanchisseuses et de femmes de ménage, ne m'avaient pas habituée aux travaux ménagers, et dans les premiers temps, il me semblait que je m'adonnais uniquement à la lessive et au repassage des jeans, ainsi qu'au nettoyage de la table de cuisine. Pendant plus de dix ans, j'avais eu l'habitude de jeter par terre mes vêtements sales et de les retrouver dans mon tiroir, propres et repassés. Maintenant, à moins d'y faire quelque chose moi-même, ils moisissaient dans un coin. Petit à petit, bien entendu, je m'améliorai. Ce qui n'avait été au début qu'un rêve, un jeu où je jouais à la maman et à la femme de ménage, se transforma rapidement en routine. Il me semblait que c'était le début d'une vie normale.

Il s'avéra cependant que j'avais tort. Je devais subir nombre de contretemps et de revers avant de trouver la stabilité. Le premier décembre me valut le premier d'une série de chocs. Paddington Press me faisait parvenir mon deuxième chèque; j'étais contente de le recevoir car mes dépenses pour acheter des tentures, des tapis extravagants ainsi que nombre d'objets auxquels je n'avais su résister m'obéraient. Deux jours après avoir déposé le chèque, la banque me téléphona. Il était sans provision.

«Sans provision?, m'étonnai-je auprès du directeur. C'est impossible. Il vient d'une maison d'édition.»

Le directeur prit une voix sinistres. «Je regrette, Mme Trudeau. On nous apprend que tous les comptes de Paddington Press ont été saisis.»

Je raccrochai. Je n'en croyais pas mes oreilles. Le téléphone resonna: c'était Steve Martindale, l'avocat qui avait arrangé l'affaire. Paddington Press avait été mis en liquidation. C'était simple: il n'y avait plus d'argent.

La nouvelle était encore plus catastrophique que je ne l'avais imaginé. Le total de mes dettes m'accablait: un découvert de soixante mille dollars pour la maison et deux mille dollars par mois rien que pour les remboursements. Puis, il y avait les meubles, les tapis, les tentures. Mon Dieu, me dis-je, que faire?

S'il peut sembler bizarre que je ne me sois pas tout de suite tournée vers Pierre, l'explication en est très simple: je m'étais engagée dans cette affaire malgré l'avis de Pierre et il m'avait bien fait comprendre que je le faisais à mes propres risques.

Évidemment, je me suis longuement demandé si je devais faire appel à mes parents, et d'une certaine façon je l'avais déjà fait, puisque c'était ma mère qui avait payé la plupart de mes tentures. Mais il ne s'agissait pas seulement de leur demander secours. Tout mon orgueil était mis en jeu.

Peu après mon dix-septième anniversaire, j'avais quitté le foyer paternel pour l'université. Même à cet âge, je ne voulais pas dépendre d'eux. Me tourner vers eux maintenant, c'eût été un aveu de défaite, et, malgré mon accablement, j'entendais toujours ne compter que sur moi-même. S'ils avaient su l'ampleur de mes dettes, je suis certaine qu'ils auraient accepté de me faire parvenir de l'argent, mais je n'entendais nullement demander l'aumône à papa. Son tempérament écossais, ainsi que mon aversion innée pour la quémanderie, rendaient la chose impossible.

D'ailleurs, je m'étais endurcie au prix de deux très bonnes leçons. Une fois, dans les premiers temps de mon mariage, je m'étais tournée vers mon père lorsque mon compte chez Creeds s'était élevé à plus de deux mille dollars, que les avertissements pleuvaient dru et que Pierre refusait carrément de m'aider. Papa m'envoya de l'argent, bien entendu, mais il m'envoya aussi une lettre brûlante de réprimandes, me reprochant d'être un panier percé et s'interrogeant de façon fort déplaisante sur ce qui me faisait tant dépenser.

Et si cela n'avait pas suffi, je me rappelais encore très nettement un parent âgé qui, pendant mon enfance, se trouvait constamment dans la misère et qui demandait constamment secours à mon père. Il l'obtenait immanquablement, mais ne put jamais échapper au mépris qu'engendrait son «parasitisme», comme disait virulement mon père. Je savais donc que toute demande me vaudrait un dur sermon. Et je refusais.

Vinrent ensuite les vacances de Noël 1979. Il y avait d'abord le jour même de Noël: Pierre et moi avions convenu que je coucherais à Stornoway la veille de Noël pour être présente au réveil des enfants le matin de Noël. Je m'étais servie de ma carte Visa pour acheter des cadeaux, ayant écoulé tout mon argent comptant et n'osant plus en demander davantage à la banque. Lorsque j'arrivai, le plancher était jonché de cadeaux et l'arbre était déjà décoré. J'en eu le coeur serré, parce que je suis une obsédée de la décoration des arbres de Noël, mais la fête s'annonçait quand même assez bien.

Ma satisfaction fut de courte durée. D'abord, les emballages des garçons ne contenaient pas des cadeaux personnels mais des bibelots que Pierre avait collectionnés ça et là au cours de diverses réceptions — des tracteurs modèles provenant d'une usine de tracteurs — et dont il avait confié l'emballage à la bonne. Et ensuite, rien, aucun cadeau, ne m'était destiné, et cette première exclusion poignante me blessa vivement.

Avant le déjeuner, Pierre, les enfants et moi, retournâmes chez moi pour mon arbre et mes cadeaux. La journée n'était pas joyeuse. Les garçons sentaient bien que nous étions sur mon territoire, et même eux se froissaient de l'intrusion de Pierre. Après le dîner, je lui racontai l'histoire de Paddington Press. Mes avocats avaient déjà déposé une requête au tribunal, mais je savais fort bien que les frais de justice s'amoncelaient et que si John Marqusee parvenait à retarder la cause pour un vice de forme, il en profiterait sûrement pour liquider son avoir. S'il y arrivait, il me semblait que j'aurais encore moins de chances de récupérer mon argent. Pierre était loin de compatir à mon problème. Je lui en demandais peut-être trop, vu son ambivalence au sujet de mon livre. Tu l'auras voulu, semblait-il me dire.

Pierre devait signer les documents de sa nouvelle maison la veille du Jour de l'An et me demanda d'emmener les garçons à Montréal pour qu'ils puissent la visiter. Il fut convenu que je resterais chez les Faulkner pendant qu'il emmenait Justin et Sacha à un match de hockey. Puis nous irions tous ensemble faire le tour du propriétaire.

J'avais déjà visité cette maison, l'automne précédent, et j'avais du mal à l'imaginer en foyer familial. Cette folie de Cormier était en vente depuis vingt ans: cette énorme construction qui ressemblait à un bunker, et plus à un mausolée qu'à une maison, dominait un flanc du mont Royal et les deux étages qui la composaient semblaient tomber en cascade l'un dans l'autre. Il y avait bien deux chambres principales, bien séparées l'une de l'autre, mais rien qui pût convenir à trois petits garçons. Pierre m'avait dit qu'il les diviserait de sorte que chaque enfant ait son petit coin, mais il ne m'avait pas rassurée. Elle me paraissait bien morne cette maison insonorisée et sans lumière, avec ses planchers en marbre glacial aux dessins géométriques. Le contraste avec ma maison était très révélateur d'une différence de goût et de tempérament si profonde qu'elle m'obligeait à me demander comment nous avions jamais pu vivre ensemble. Je ne pouvais imaginer que les enfants puissent se réjouir de leur future demeure.

J'avais tort. Je n'avais pas compté avec le lit d'eau. Il y avait dans l'une des chambres un magnifique lit d'eau, et les enfants s'y jetèrent avec force exclamations d'incrédulité. Leur excitation était telle qu'ils se précipitaient sur les planchers de marbre avec des cris de joie.

«Comme toi, j'ai enfin la satisfaction d'être propriétaire,» me dit joyeusement Pierre, une coupe de champagne à la main. Et pour trois cent mille dollars, ce devait être très beau.

Ce soir-là, ayant porté un toast à la campagne électorale de Pierre et ayant scruté son avenir qui paraissait prospère, nous rentrâmes à Ottawa. Pierre pénétra chez moi pour m'aider à mettre les enfants au lit. Comme il partait, je lui demandai un peu d'argent. J'essayai de paraître raisonnable. Je lui dis en ces mots: «Peut-être Pierre, puisque tu seras en pleine campagne pendant quelques mois et que j'aurai la garde des enfants, tu pourrais m'aider un peu?»

Pierre sortit très désinvoltement son portefeuille de sa poche. «Tiens, je n'ai pas beaucoup d'argent sur moi, Margaret. Cinquante dollars te suffiraient-ils?» Ses yeux plissés et son sourire railleur semblaient se moquer de moi.

Quelque chose explosa en moi. Une maison de trois cent mille dollars, et le voilà qui m'offrait cinquante dollars. C'était non seulement mesquin, mais humiliant. Il connaissait mes dettes. Que pensait-il que j'allais faire?

Je ne me souviens plus très bien de la suite. Je sais seulement que je me suis précipitée sur lui en l'attaquant avec mes ongles. J'avais la ferme intention de l'aveugler d'abord puis de le tuer après. Je sais qu'à cet instant je le haïssais d'une haine plus intense que je ne pensais en être capable.

En quelques secondes, ses bras me clouaient au sol. Mais je continuais à crier, les sanglots s'échappant de ma gorge en saccades. Les enfants se réveillèrent et, épouvantés, assistèrent à la scène. «Papa, ne fais pas mal à maman, ne fais pas mal à maman,» suppliait Sacha.

Pierre me secouait: «Reste tranquille, Margaret, ressaisis-toi.»

Je continuais à crier.

Puis je me calmai et c'est Micha qui sauva la situation. Alors que Pierre et moi étions assis dans la chambre à coucher, Micha appela Pierre à ses côtés. Leur conversation dura une demi-heure. Pierre avait toujours dit que Micha savait mettre les choses au clair. Puis Pierre s'en alla. Nous étions tous les deux bouleversés. J'avais profondément honte, j'étais hantée par les regards de peur mesmérisée des garçons. Et j'étais profondément confuse.

Mon monde s'est complètement effondré ce jour-là. Passant encore une fois ma vie en revue, je n'y voyais que des questions, et toutes sans réponse. Sans argent, sans ressource à part la charité de mes parents, comment vivre? Sans homme et sans la tendresse dont j'avais besoin, qu'allais-je devenir? Vers qui me tourner maintenant que toutes mes amies quittaient Ottawa? Sans le soutien moral de ma famille, comment élever mes enfants? Sans espoir, comment survivre?

Une soirée joyeuse au Studio 54
en compagnie de deux amis,
le couple de LOVE STORY,
Ali McGraw et Ryan O'Neal.
(R. Manning/Sygma)

J'avais emprunté le chapeau d'un compagnon de danse au Studio 54.
(Wide World Photos)

Ma dernière nuit au Studio 54. (Wide World Photos)

Yasmin Aga Khan me rend visite à Ottawa.
(Bill Brennan)

Un interview avec Phil Donahue ressemble quelque peu à l'Inquisition.
(Wide World Photos)

En compagnie d'Eri, ma charmante interprète japonaise, à l'ouverture d'un club à Tokyo. (Wide World Photos)

Ma soeur Janet et moi en compagnie de M. Tanabe, écrivain et bon vivant. (Avec la permission de Margaret Trudeau)

J'étais remplie d'admiration par l'interprétation de Linda Griffiths dans sa pièce
MAGGIE & PIERRE. (Glen E. Erikson/Talonbooks)

Michel, Justin et Sacha. (© Sherman Hines)

En train de faire des courses à Ottawa. (Russell Mant/Ottawa Citizen)

À Athabasca, dans le Grand Nord,
j'adresse la parole pour une campagne
de souscription.
(Photo Presse Canadienne)

À la première de KINGS AND
DESPERATE MEN avec Jim
Johnson.
(Photo Presse Canadienne)

Le magazine PEOPLE m'avait demandé de photographier Duane Bobick dans le gymnase Joe Louis. (Avec la permission de Margaret Trudeau)

9
De la déraison

JE ne peux raconter les dernières quelques années sans parler de ce que le public, Pierre et la plupart de mes amis appelaient «mes dépressions nerveuses» et mes «cures». Pour ma part, je n'ai jamais vraiment cru que j'étais folle. Cet instinct de survie me sauva vraisemblablement. Il est vrai que plus mes idées s'embrouillaient, plus il m'était facile de m'en laisser convaincre par mon entourage. Très souvent, seule et effrayée, il eût suffi de peu pour que je croie à ma propre folie.

L'histoire de ma dépression remonte bien au-delà de l'époque dont il est question dans ce livre. Si je n'ai qu'effleuré le sujet dans «À cœur ouvert», c'est parce que je n'en étais pas encore sortie et que les événements étaient trop récents et les émotions trop vives pour que je puisse en parler avec sérénité. Par souci de clarté, je vais commencer là où commencèrent les doutes et réunir en un seul chapitre et par ordre chronologique tous les épisodes de cette triste aventure et, je puis maintenant l'affirmer, profondément mésinterprétée.

Je mis en question ma santé mentale pour la première fois de ma vie après la campagne électorale de 1974. Ces deux mois de travail intense, tant aux côtés de Pierre qu'en tournée personnelle, m'avaient beaucoup affectée; j'avais pris la parole à des meetings d'un bout à l'autre du Canada, j'avais fait partie intégrante de l'appareil électoral des Libéraux. Ce fut une véritable révélation. Même si je ne l'ai formulé clairement que plus tard, cet épisode m'avait démontré que tant et aussi longtemps que j'avais un rôle honnête et exigeant à jouer dans la vie de Pierre, je survivrais. Il ne me suffisait pas de servir le thé à des diplomates de passage: ce premier aperçu du vrai monde de la vie politique était tout autre chose.

Mais de par la nature même de l'événement, mon rôle n'était qu'éphémère: je finissais comme j'avais débuté, j'étais l'épouse de Pierre. La campagne se termina par une journée d'un azur brillant dans la ville de Toronto, pierre de touche politique du pays, et donc vitale au succès de Pierre.

À la fois exténuée, pleine d'espoir et déterminée, je prononçai le meilleur discours de ma vie devant cent-cinquante mille personnes, réunies avec leur pique-nique sur l'île de Toronto. Je leur parlai d'enfants, de famille, de maternité; la foule paraissait émue; certains avaient les larmes aux yeux. Moi-même, j'étais émue. Pierre avait parlé avant moi et on l'avait chaleureusement applaudi. D'autres parlèrent ensuite. L'atmosphère rayonnait de succès.

Ce soir-là, Pierre et moi rentrâmes à Ottawa par avion, où nous entendîmes le lendemain soir la nouvelle de notre victoire fantastique. Le lendemain matin, le ciel brillait de tous ses feux. J'apportai mon petit déjeuner sur la véranda à l'arrière du 24 Sussex, et contemplai les voiles blanches sur la rivière scintillante. J'attendais qu'on me fasse l'éloge du rôle que j'avais joué dans la campagne. Je n'en reçus aucun. J'attendis que Pierre vienne discuter de mon rôle politique futur à ses côtés. Il ne vint jamais.

C'est à ce moment que je me sentis manipulée puis écartée par l'appareil politique. Je sentais qu'on m'avait escroquée, qu'on s'était donné beaucoup de peine pour flatter mon amour-propre dans le seul but de se moquer après du fait que j'avais eu la témérité d'avoir confiance en moi-même. Le fait restait que je m'étais engagée. J'avais appris à me fier à ma propre perspicacité politique, à mon habileté à juger de l'humeur et des espoirs d'une foule. Je croyais le moment venu pour moi de me lancer sur la scène politique, pas comme auxiliaire reléguée à la préparation des petits gâteaux et du café, mais dans le procédé décisionnel parmi les proches conseillers du parti, même si ce n'était qu'au niveau de la presse et des relations publiques. Je ne savais pas exactement ce que je recherchais, mais j'avais la vague notion de devenir pour Pierre la sorte de compagne politique qu'est devenue Rosalynn Carter pour son mari, Jimmy. Mais en sirotant mon café, ce matin-là, je croyais sincèrement que Pierre et ses collègues me connaissaient désormais à ma juste valeur.

J'étais aussi quelque peu confuse. Les discours, les acclamations, l'intense travail d'équipe des mois précédents m'avaient soudainement permis de prendre conscience de mon propre pouvoir et j'en ressentais une profonde culpabilité. En tant que hippie et flower-child, j'avais, comme la plupart de mes contemporains, rejeté les gens ambitieux et puissants, méprisant du fond de mon coeur l'ambition cruelle que je reconnaissais chez les collègues de mon père qui cherchaient coûte que coûte à atteindre le sommet.

Et voici que soudainement j'étais très consciente de l'ampleur de la foule venue m'entendre, et je me réjouissais de l'emprise qu'il me semblait exercer sur elle. Ce plaisir que je prenais à la manipulation, voilà ce qui me culpabilisait. J'étais déchirée entre la satisfaction furtive que m'apportait mon propre charisme et le dégoût que j'éprouvais face à cette émotion, car le succès revenait réellement à Pierre.

Le travail absorbant des mois précédents avait aussi submergé les doutes que j'entretenais à l'égard de ma relation avec Pierre. Maintenant, à vingt-cinq ans, rentrée chez moi et confrontée à un avenir si dépourvu de projets et d'espoir, toutes les vieilles angoisses et anciennes inquiétudes quant à notre compatibilité, remontèrent à la surface. Elles s'accompagnaient d'un ressentiment implacable envers Pierre.

À voir sa cruauté à me faire comprendre que j'avais très peu d'importance et que si j'en acquerrais ce serait en tant que son épouse, il me semblait qu'il avait abusé de moi plus que tout autre. Il m'ignorait. Il ne me remercia pas de mes efforts. Il ne reconnut pas mon succès auprès des jeunes. Il ne me félicita jamais de mon bon travail. Comme nombre d'hommes, il s'attribua simplement tout le mérite de la victoire libérale. Chaque fois que j'essayais de parler politique, il m'écartait d'un geste. Il se disait fatigué, il voulait se reposer. Il ne voulait certainement pas perdre son temps à discuter de son nouveau conseil ou de sa forte majorité avec moi. Il cherchait simplement à me remettre à ma place qui se trouvait au foyer avec les enfants.

J'étais aussi très contrariée parce que j'avais dû trop rapidement sevrer Sacha durant la campagne électorale. Sacha était né le jour de Noël 1973. Pierre et moi partîmes en mai, et comme j'allaitais encore Sacha, nous l'emmenâmes avec nous. Les déplacements constants ne semblaient pas l'incommoder et j'eus volontiers continué de l'allaiter jusqu'à la fin. Mais ma mère et certains amis que nous rencontrions au cours de nos voyages m'implorèrent d'arrêter, me disant que j'avais l'air exténuée et que tous ces déplacements ne pouvaient que nuire à un si petit bébé. Bêtement, je les avais écoutés, et lorsque Sacha n'avait que six mois, je le confiai à une amie intime de Vancouver. Mais je craignais que Sacha se sente rejeté.

J'étais malheureuse pendant les semaines qui suivirent la victoire libérale. La campagne avait été dure, et tout le monde était parti en vacances estivales bien méritées. Mais dans les trois semaines qui séparaient le départ du retour, tout le monde m'avait oubliée. De toute façon, je me sentais à ce moment brisée, tourmentée par des doutes dans ma relation avec Pierre, rendue amère par le rejet dont je faisais l'objet, inadéquate en tant que mère, et apeurée face à l'avenir.

Ma réaction fut de prendre la fuite. Quittant Pierre et son indifférence, ses collègues que je trouvais maintenant médiocres et ingrats, l'ennuyeuse vie officielle dont je souffrais à nouveau les contraintes, j'achetai un billet d'avion pour Paris. Je m'y rendis seule, puis décidai de continuer vers la Grèce. C'était le début de ma rébellion.

J'étais sans projet fixe, je souhaitais simplement la solitude. Je fis donc un pèlerinage sentimental au village où mon amour d'enfance, Yves Lewis, avait fréquenté l'école, et à partir de là me rendis dans l'île de Crète, où je louai une voiture, me baignai, et pris des photos. Je n'avais avec moi qu'une couverture pour dormir et un petit havresac contenant quelques vêtements. Je fumais beaucoup de cannabis. Je passais mes journées en rêveries d'adolescente. Et je refoulai au plus profond de moi le sentiment effrayant qui commençait de m'envahir et qui me disait que tout ne tournait pas rond dans ma tête et que mes inquiétudes, mes peurs et mon amertume ne provenaient pas de facteurs externes mais d'une maladie qui me minait. Mon père n'avait-il pas mis en doute ma santé mentale après mes folles dépenses? D'autres épouses n'avaient-elles pas vécu des campagnes électorales tout aussi intensément que moi pour en ressortir calmes et confiantes?

À ce moment de ma vie, mon avenir émotif s'ouvrit brusquement, comme si j'avais subitement changé de vitesse. Je suis rentrée de Crète à temps pour accompagner Pierre au tournoi de tennis professionnel Robert Kennedy à New York, et c'est là que je devins amoureuse de mon charmant sénateur. En rétrospective, cependant, je vois que la passion que j'éprouvais pour cet homme merveilleux n'était pas de l'amour, mais l'expression d'un besoin de tendresse et de reconnaissance.

De retour au Canada, provoquée par la froideur et l'hostilité de Pierre, je lui dis que j'étais amoureuse. Il réagit de façon typique. « Tu es malade, me dit-il aussitôt. Tu es folle. Si tu ne l'étais pas, tu n'agirais pas ainsi. » Après ces mots, il m'opposa une indifférence glaciale. « Tu as besoin de soins professionnels. » Je ne songeai que plusieurs années plus tard au fait qu'une personne qui compare l'amour à la folie n'est elle-même pas un modèle de stabilité mentale.

Mais je le croyais, je me soumis à ses ordres et me fis admettre à l'hôpital Royal Victoria de Montréal. L'ennui, c'était que tout en souhaitant ardemment la compagnie d'autres patients de l'aile psychiatrique, je me trouvais confinée à une grande chambre normalement réservée aux hommes d'affaire âgés et à leurs opérations prostatiques, et j'étais soignée par un psychiatre qui n'arrêtait pas d'essuyer la sauce sur son gros visage boursouflé et huileux.

Me sentant trop confuse et coupable pour protester, je consentis à un traitement de drogues qui m'assommaient et me laissaient sur le lit dans un état comateux, à peine capable de regarder la télévision qui marchait constamment. J'étais trop dopée et étourdie pour protester et tellement servile que je ne voulais plus protester. Je voulais pourtant parler. Je m'ennuyais déjà. Mais la Thorazine, dont on me piquait, m'enflait la langue.

J'y serais peut-être restée des mois, sans l'intervention du prêtre hospitalier. Contrairement aux psychiatres qui repoussaient mes tentatives de parler, d'expliquer, de comprendre malgré la léthargie dans laquelle me jetait la Thorazine, le prêtre était prêt à m'écouter et merveilleusement disposé à m'accorder son aide. Il semblait comprendre que ce dont j'avais besoin, c'était d'une vraie vie, non pas cet engourdissement des sens. C'est seulement lorsqu'il mit sévèrement en question mon abandon des enfants et ma démission, que je trouvai la force de cacher sous ma langue, les pilules qu'on me donnait pour les jeter dans les toilettes lorsque les infirmières quittaient la chambre.

C'est alors que je me mis sérieusement à réfléchir de mon côté. Pierre, décidai-je, ne s'intéressait nullement à mon esprit, à ma personnalité ou à mon évolution. Ce qu'il voulait, c'était une jolie usine à bébés, une femme en plastique qui élèverait ses enfants et décorerait son logis, un symbole et pas une personne. Au fond il me méprisait. Je n'étais qu'une Canadienne de l'Ouest inculte et simple. Ses propres antécédents l'empêchaient de comprendre la faiblesse. De nature intolérante, sa formation jésuite lui avait appris à subjuguer toute affaire de coeur à la critique de l'esprit. Sa façon de penser en découlait tout naturellement: je m'étais éprise d'un autre non pas par méchanceté — car comment une femme de Pierre eût-elle pu être méchante — mais par folie. Car chercher à devenir amoureuse délibérément équivalait à tricher à un examen de Harvard, et l'ignominie en dépassait l'imagination.

Tout d'un coup, je me rendis compte pour la première fois que Pierre n'était ni généreux ni compatissant. J'avais à l'accepter tel quel si je voulais continuer à vivre avec lui. Maintenant, avec le recul des années, je sais que c'était mon incapacité à l'accepter tel quel qui provoquait nos disputes fréquentes et, plus tard, notre rupture.

Au fil des jours, je demandais sans cesse aux médecins et aux infirmières qui me visitaient: «Suis-je folle? Dites-le moi, je vous en prie. Pensez-vous que je suis folle?»

«Mais non, mais non, me répondaient-ils tous d'une voix doucereuse. Il vous faut un peu de repos. Vous devez vous calmer, vous éloigner de vos problèmes, vous détendre.»

Un jour, le médecin me demanda d'écrire moi-même mon évaluation personnelle. J'y expliquai en détail ce qui me paraissait être le manque de générosité et de compassion de Pierre, et l'effet que son comportement avait sur moi. Je donnai des exemples précis des moyens qu'il avait pris pour m'humilier au sujet de l'argent. Le médecin eut peine à dissimuler son étonnement devant ma lucidité. Ce fut la première fois que je le vis interroger l'hypothèse soutenue par tous les médecins qui venaient me voir, et qui voulaient que je souffre d'un détraquement quelconque.

On ne posa jamais de diagnostic. Les diverses opinions se dissipèrent en un jargon médical nébuleux qui n'avait ni queue ni tête. Je me suis déclarée guérie et quittai l'hôpital émaciée mais déterminée.

Tous les amis qui me rendirent visite lorsque je rentrai s'aperçurent bien, et me le dirent plus tard, que je n'allais pas mieux (puisque tous persistaient à croire que ma condition était «médicale», donc «guérissable»). J'étais encore triste, confuse et irritée. C'était là mon problème. Je vivais ma supposée maladie à plusieurs niveaux, tous aussi faux les uns que les autres. Il y avait mon dégoût de la vie officielle. Il y avait ma passion méconnue pour mon sénateur américain, qui s'éveilla de nouveau et se transforma en une liaison brève et merveilleuse, mais qui perdit son éclat et s'éteignit. Il y avait ma relation malheureuse avec Pierre, qui, tout en paraissant heureux de m'avoir à la maison, me reprochait ma liaison et refusait de discuter quoi que ce soit. Il préférait me voir comme une voiture en panne qu'il avait envoyée chez le mécanicien et qu'on lui renvoyait dans un état moins que parfait.

Pierre discuta de mes problèmes avec certains de ses collègues, puis il m'envoya voir un psychiatre d'Ottawa deux fois par semaine, pendant six semaines. Je me rendis bientôt compte que le médecin avait une toute autre notion de la psychiatrie que moi. Il refusait de rendre un diagnostic, même s'il avouait qu'il n'y voyait pas une dépression postnatale, comme l'avait suggéré à un moment le psychiatre de Montréal. Il s'avançait simplement à dire qu'il ferait de moi «une femme heureuse de son mariage.»

Il voulait que je me conforme afin de pouvoir mener la vie qu'on attendait de moi. Moi, je voulais savoir qui diable j'étais. C'était comme si nous ne parlions pas la même langue. Lorsque je lui affirmai que je fumais beaucoup d'herbe afin de m'aider à survivre, il n'y fit pas objection. C'était, selon lui, une habitude plutôt bête qu'évidemment je devais et pouvais abandonner du jour au lendemain. Il ne voyait pas à quel point cela m'était devenu une nécessité psychologique afin de contrecarrer l'attitude sacerdotale et rigide de Pierre, afin de servir de contrepoids à sa pureté intellectuelle.

Ce psychiatre et moi n'avions plus rien à faire ensemble, ce que je démontrai très clairement le jour où je me roulai le plus gros joint que j'aie fumé de ma vie, arrivai trop droguée pour être logique, et divaguai pendant une heure pour ensuite me faire dire que j'étais bel et bien en voie de guérison puisque je pouvais parler si librement sans l'aide de drogues. «Bien sûr, docteur», dis-je, et je quittai son bureau pour de bon.

Je me suis passée de soins psychiatriques pendant les trois années suivantes. Je n'en avais aucun goût. Je préférais causer avec mes amies, Nancy, Jane, Gro et Rosemary, des vicissitudes de la vie quotidienne, ou déjeuner en compagnie d'hommes qui me faisaient rire. Contrairement au reste du monde qui semblait accepter que j'avais tendance à souffrir de «troubles mentaux», que j'étais écervelée, inconstante et en détresse émotive, je commençais à soupçonner que la source de mon désordre se trouvait autant dans mon mariage qu'en moi. Pierre voulait à tout prix me punir. Il refusait pendant de longues semaines de me faire l'amour. Notre mariage s'évaporait tranquillement. Je sais maintenant que si j'avais pu trouver le courage de poursuivre mes convictions et de faire carrément face à Pierre, nous aurions pu éviter beaucoup de chagrin. En l'occurrence, il fallut presque six ans pour qu'on ne me soupçonne plus de «folie».

J'avais, cependant, pensé à une source d'assistance. Je m'étais convertie au catholicisme avant d'épouser Pierre. J'avais fini par aimer le rituel de l'Église et la sensation de rapprochement avec Dieu, sinon avec ses pasteurs. Suite à mes conversations avec le prêtre de l'hôpital à Montréal, j'essayai de lire des livres d'inspiration religieuse. Mais au fur et à mesure que mon mariage empirait, et que le monde en venait à me voir comme une femme déchue, ces textes ne réussirent plus à m'apaiser.

Je fis encore appel à la psychiatrie à New York. En 1977, je me rendais souvent aux États-Unis. Je logeais chez des amis et essayais de poursuivre une carrière indépendante pendant les brefs intervalles où je n'étais pas avec Pierre. Ce fut lors d'une de ces visites que mon amie Yasmin Aga Khan m'affirma abruptement: «Écoute, je ne veux plus entendre toutes ces histoires. Ne te rends-tu pas compte de ce que Pierre est en train de faire? Ne comprends-tu donc pas que c'est ton manque d'amour-propre, de dignité personnelle, qui explique ta folle conduite? Tu deviens tout à fait ce que Pierre dit de toi: destructive, tête dure et irrationnelle. C'est comme si tu cherchais à satisfaire sa prédiction. Bientôt, tu seras vraiment folle.»

Ce fut grâce à Yasmin que je commençai à consulter le Dr Arnold Hutchnecker, et je crois maintenant que c'est cet octogénaire freudien, remarquable et cultivé, le psychanalyste dont tout le monde rêve, qui m'engagea sur la voie de la guérison. Le Dr Hutchnecker coûtait cher, soixante-quinze dollars de l'heure, et je m'y rendais deux fois par semaine. Il savait ce qui l'intéressait: les gens qui ont affaire au pouvoir et l'effet qu'il produit sur eux. Mais c'était aussi un Viennois doux et humain, qui semblait comprendre ce qui me troublait.

Ainsi, de façon irrégulière pendant six mois, deux après-midi par semaine, je me rendis à son cabinet sur Park Avenue pour parler. La pièce m'apaisait énormément. Il y avait un Renoir accroché derrière son bureau en acajou, de ces tapis épais et de ces couleurs douces; c'était un endroit rassurant, intemporel.

Le Dr Hutchnecker parlait aussi. Il m'affirma que je me conduisais de façon très masochiste en me contentant d'accepter la froideur de Pierre ainsi que son manque de générosité, et que ce genre de passivité rendait les autres encore plus sadiques. Il m'affirma qu'il croyait que j'avais raison de m'en aller avant de perdre toute joie de vivre et toute spontanéité. Il fut très ferme avec moi. Voulais-je vraiment devenir le genre de martyre que tout le monde exploite? Est-ce que je prenais plaisir à toujours me plaindre?

Le Dr Hutchnecker fut le premier à cerner ce sentiment d'angoisse et d'impuissance que je ravalais au fond de moi: «rage intérieure», disait-il, une furie à l'endroit d'un homme qui me dominait et d'un monde qui m'oppressait, furie que j'avais trop longtemps contenue. Il ajouta que, à son sens, mon état d'agitation bouillonnait sous une couche très mince de conformisme et de tolérance et que je devais prendre des mesures pour éviter qu'il ne fasse éruption sous forme de comportement névrotique et irrationnel. «Pour vivre correctement, affirma-t-il, vous devez apprendre à extérioriser cette rage interne. Intéressez-vous à l'art dramatique, apprenez à vous exprimer, à satisfaire vos sens. Vous devez lutter pour participer à la vie, et pas la laisser vous intimider.»

Nous parlions souvent de mon père et de Pierre. Enfant, je me sentais constamment négligée par mon père. Le Dr Hutchnecker me fit voir alors que mon attitude envers Pierre se fondait en grande partie sur mon désir de lui plaire en tant que sa fille et non en tant que son épouse, que je recherchais en mon mari le père parfait, et que j'y avais trouvé un compagnon sévère. Il me démontra que j'étais trop dure envers Pierre, que j'avais tort d'exiger de lui ce qu'il ne pouvait me donner, comme, par exemple, l'assentiment et le pardon omniscients. Au lieu de cela, je devais accepter ses faiblesses et l'aimer à cause de ses qualités.

À ma grande surprise et à mon profond soulagement, le Dr Hutchnecker se montra très compréhensif au sujet des drogues. D'abord prudemment, puis, lorsque je vis que l'honnêteté totale ne lui faisait pas perdre son calme, je lui racontai mes nombreuses années d'expérimentation avec différentes drogues, mes périodes de dépendance sous les effets tranquilisants de la marijuana, mes hauts et mes bas avec la cocaïne. Le docteur m'écoutait attentivement, me posait de nombreuses questions. Il me dit de prendre garde à toute émotion provoquée artificiellement, mais ne me blâma pas.

C'est grâce à sa tolérance que je pus me dégager des drogues. Je savais qu'elles se trouvaient à ma disposition. Le Dr Hutchnecker avait réussi à me convaincre qu'elles n'étaient pas honteuses. Je me sentis donc capable pour la première fois depuis des années de m'en passer, et quoique j'y sois revenue plus tard — et j'en payai le prix — ses paroles me restèrent toujours présentes à l'esprit et il me devint possible plus tard d'évaluer le tort que les drogues m'avaient fait.

Après cinq mois de séances, je me rendis compte que mon argent disparaissait rapidement et que le Dr Hutchnecker devenait un luxe que je ne pouvais plus me permettre. Peu disposée à abandonner celui qui me ramenait un peu plus chaque semaine vers la stabilité, je demandai à Pierre une contribution aux honoraires. Il refusa. Le jour arriva donc où je dus annoncer à mon ami viennois que je venais pour la dernière fois.

Il m'écouta attentivement, puis me dit de revenir encore une fois. Le jour de ce que je croyais être ma dernière visite, il m'affirma: «J'ai bien réfléchi à tout ça. La psychiatrie n'est pas un commerce. C'est un service. Il est vital pour vous de me consulter et je suis maintenant convaincu que je vous aide vraiment à faire face à vos problèmes que je sais sérieux. Vous allez un jour retomber sur vos pieds. Vous me paierez à ce moment-là.»

Les séances continuèrent donc. Mais pour peu de temps. On me proposa de tourner «Kings and Desperate Men», et je me trouvais de moins en moins à New York. De toute façon, ce que le Dr Hutchnecker avait fait pour moi, jusque là, tenait presque du miracle: tel une bonne fée dans un conte d'enfant, il avait fait renaître en moi un embryon d'amour-propre. J'étais en voie de guérison, même si m'attendaient encore de nombreux écueils. Et puis, lorsque je reçus mon premier cachet, je m'en servis pour remercier le Dr Hutchnecker de sa générosité.

Ma relation avec Pierre, cependant, ne bénéficia pas de mes premiers pas vers l'indépendance. En fait, plus je me distanciais mentalement de lui, plus notre relation en souffrait. Une lueur de compréhension à propos de moi-même et des complexités de l'esprit m'avait donné mes premières armes contre Pierre. Au lieu de bafouiller de rage devant lui, je disposais désormais de paroles intelligentes et rationnelles tirées de la psychologie, de la psychiatrie et de la psychanalyse, qui donnaient corps et expression à ma furie. Ce qui l'enrageait encore davantage. Il ne voulait pas d'une compagne qui paraissait en savoir plus long que lui. Nos disputes devinrent donc plus venimeuses, chacun de nous armé d'un savoir et de l'intention de blesser. Plus tard, une Canadienne nommée Linda Griffiths fut l'un des auteurs et la vedette d'une pièce inspirée de ma vie avec Pierre. Elle put recueillir sa documentation en se faisant passer pour une étudiante de théâtre et en interviewant ceux qui nous connaissaient et qui acceptaient d'en parler. Elle en tira une pièce d'une perspicacité étonnante intitulée «Maggie et Pierre», dans laquelle elle incarne remarquablement les trois personnages: Maggie, Pierre, et un journaliste nommé Henry. Quand j'assistai à une représentation de la pièce à Vancouver, une scène en particulier me frappa par sa justesse.

Maggie est en train de quitter Pierre et le supplie de l'accompagner, et bien entendu il refuse, obsédé qu'il est de son pouvoir et de son importance politicienne. Henry, le journaliste, écoute Pierre (la pièce ici fait erreur, car Pierre ne s'adressait jamais de la sorte à un journaliste) qui lui dit:

«Voulez-vous que je vous dise une chose, Henry? Pendant toutes ces terribles disputes, mon épouse était à mes pieds, et elle pleurait et criait et gémissait et se frappait littéralement la tête contre les murs. Et moi, je restais là figé, dans l'attitude classique du mâle, prisonnier de mon sexe, ne sachant si je devais la consoler ou me détourner d'elle parce que c'était trop pénible à voir, ou la battre, ou n'importe quoi. Et l'émotion qui me dominait, c'était la jalousie... qu'elle puisse être si libre...»

En entendant ces répliques, ma réaction immédiate fut de m'émerveiller de la justesse et de l'exactitude du texte. Linda Griffiths avait en effet compris. Pas une seule fois, au cours de notre mariage, Pierre ne fit-il un geste pour me sauver. Il voulait que je me prosterne à ses pieds. Pierre prend et ne donne pas dans les relations personnelles. Je compris que j'avais tout partagé avec lui, au cours des années, mes rêves, mes pensées, mais lui ne s'offrait jamais en retour, ne voulait jamais s'exposer.

Je n'avais pas encore traversé la prochaine et la pire étape de ma soi-disant déraison. Je l'ai vécue, en août 1979, le mois où Celeste Fremon choisit de me détruire dans «Playgirl». Ses révélations sur mon avortement à dix-sept ans, mes diverses liaisons, et mon usage des drogues confirmèrent les doutes qu'entretenait Pierre au sujet de ma santé mentale. Et cette fois-ci, lorsqu'il me cria une fois de plus: «Tu es malade. Ne vois-tu pas, tu es folle. Comment pourrais-tu te comporter de cette façon si tu ne l'étais pas?», je l'ai cru. Ma pauvre mère ne fit qu'envenimer les choses. Rejointe au téléphone par un journaliste de Radio-Canada, elle répondit à une question que je ne pouvais entendre en disant: «Eh bien, je suppose qu'elle doit être folle.» Elle voulait bien faire. Profondément inquiète, harcelée par les journalistes qui ne cessaient de l'appeler, elle n'avait évidemment pas eu le temps de réfléchir. Au lieu de la confronter à ce sujet, je ruminais. Alors, elle aussi doute de ma santé mentale, me répétais-je.

C'est alors qu'un homme politique libéral décida d'intervenir dans mes affaires mentales. Il s'agissait de Stuart Smith, chef à l'époque du parti libéral ontarien. Stuart est jeune, intelligent, bon politicien et, justement, psychiatre. Vers la fin de l'été 1979, après la parution de l'article de «Playgirl», il téléphona à Pierre (davantage par inquiétude pour l'image du parti libéral que pour mon bien-être, me semble-t-il) et lui suggéra timidement que j'étais peut-être maniaco-dépressive.

«Il ne s'agit pas d'un diagnostic, dit-il à Pierre. Mais ce que disent les journaux au sujet des inégalités d'humeur de votre épouse, des hauts suivis de bas dépressifs, m'a fait pensé qu'elle souffrait peut-être de dépression chronique.

Je ne fus mise au courant de cette conversation que quelques jours plus tard lorsque Pierre me demanda désinvoltement si j'avais jamais considéré la possibilité d'un désordre plus sérieux. Est-ce que je savais, continua-t-il, qu'il existait maintenant un médicament pour la dépression nommé lithium qui était destiné à stabiliser les sautes d'humeur? À ce moment de notre relation, je me sentais tellement coupable que j'aurais consenti à n'importe quoi.

Stuart vint me voir à Ottawa. Personne ne voulait rendre publique cette rencontre et, de toute façon, il n'exerçait plus sa profession de psychiatre. Nous nous rencontrâmes donc chez Jane Faulkner. Bien que notre entretien ne fut pas concluant, j'en ai un souvenir précis.

C'était une journée de septembre, étincelante de soleil, et nous étions assis dans la salle de séjour. Notre conversation dura trois heures pendant lesquelles le Dr Smith, avec ses petites lunettes métalliques et sa nervosité, chercha à me faire correspondre à l'idée préconçue qu'il s'était fait de mon esprit. Étais-je souvent triste? Quand étais-je triste? Pour combien de temps? Ma tristesse était-elle suivie de périodes d'euphorie, d'impulsivité, d'insomnie? Combien de temps duraient ces moments heureux? Et ainsi de suite.

Je lui répondis au meilleur de ma connaissance. En effet, je me sentais souvent très triste, très coupable de ce que j'avais fait à Pierre et au public canadien, très humiliée par la réaction des gens à mon endroit. Je lui dis que les seuls moments où je n'étais pas triste étaient ceux que je passais avec mes enfants ou mes amis.

Je ne sais pas s'il m'écoutait attentivement. Il ne se donna pas la peine de me questionner plus longuement sur mon usage des drogues et ne s'enquit nullement au sujet de la cocaïne. J'ignorais encore l'effet qu'avaient les drogues sur moi et le docteur Smith aussi. Finalement, il me recommanda un psychiatre à Toronto et s'esquiva par le sentier du jardin de Jane, aussi furtivement qu'il était venu.

Docilement, je me rendis à Toronto pour consulter le Dr Kingstone. C'était une magnifique journée d'automne et, assise au soleil dans le jardin d'une amie, me sentant momentanément heureuse et détendue, je ne pouvais m'empêcher de trouver futiles toutes ces démarches qui devaient confirmer ma folie.

Même le Dr Kingstone en doutait. Il m'affirma que la dépression maniaque était cyclique et me demanda lui aussi avec espoir si je ne souffrais pas de moments d'euphorie suivis de bas dépressifs. «Non», répondis-je résolument. J'en avais finalement marre de ces questions. «Je n'en souffre pas. Je me sens humiliée, blessée par la vie, terriblement triste et abusée, mais je n'ai pas de hauts et de bas émotifs.»

Le Dr Kingstone en doutait encore davantage. Il dit enfin avec quelque hésitation: «Bon, il est possible que vous soyez maniaco-dépressive... il vaudrait mieux vous prescrire du lithium. Si le diagnostic est bon, vous vous sentirez beaucoup mieux. S'il ne l'est pas, tout au plus vous sentirez-vous un peu moins créative.»

Ces paroles auraient dû me mettre en garde mais je me contentai d'une faible protestation.

«Moins créative? De quelle façon? Faut-il vraiment que je prenne ces pilules?»

Les membres de ma famille se réunirent pour dissiper rapidement toute répugnance que j'eusse pu ressentir et pour me convaincre de faire l'essai de mon «traitement».

Je pris mes premières pilules de lithium au début de l'automne 1979, peu de temps avant d'acheter ma maison. Pendant les premiers quelques mois, on me faisait chaque semaine des prises de sang afin de vérifier la posologie car le lithium n'est pas un produit chimique mais un sel organique et il peut s'avérer hautement toxique si la proportion prise est supérieure à ce que peut en absorber l'organisme.

Mais on détermina bientôt la «bonne» posologie et je me retrouvais seule dans un oubli solitaire où personne ne pouvait ou, me semblait-il dans mon état légèrement paranoïaque, ne voulait me rejoindre. Je tombai sous peu à un niveau de conscience qui tenait plus de l'hibernation que de la vie. J'étais à peine capable de prendre soin des enfants et d'effectuer les travaux ménagers les plus rudimentaires.

Il m'arrivait parfois de croire à travers les ténèbres de mon esprit que leur mère douce et tranquille devait plaire aux garçons. Quand ils partaient pour l'école le matin, je retournais me coucher et sombrais dans un profond sommeil jusqu'à leur retour. Le soir, les ayant mis au lit, je retournais de nouveau à la chambre rose que j'avais moi-même décorée avec tant d'amour pour regarder la télévision et dormir encore dans un état de dépendance idiote. Au fur du temps et comme le lithium imprégnait mon système de plus en plus, je sombrais dans une torpeur sans cesse plus profonde et fus prise de vertiges inquiétants. Je ne me sentais en sécurité que dans mon lit.

Mais j'avais aussi une fringale lancinante et insatiable; je m'arrachais de mon lit afin de me faire livrer des provisions puis je dévorais hamburgers, cokes, pâtes, brioches, tartines et confitures pour regagner le lit d'un pas chancelant. J'abandonnai la lecture. J'abandonnai aussi le cinéma, le théâtre, la conversation, les amis et tout contact avec le monde extérieur sous toutes ses formes.

Personne ne semblait s'en apercevoir. De mes amies intimes, il ne restait plus que Rosemary et je la tenais à distance en lui disant que j'avais la grippe. Nancy, Gro et Jane étaient toutes parties vers de vies nouvelles.

En décembre, une partie de moi enfouie au plus profond de mon inconscient se mit à s'inquiéter de ma descente résignée vers l'oubli. Un ami de New York que j'avais consulté m'avait parlé d'un expert du lithium à l'université Columbia; il s'agissait d'un homme que j'avais rencontré à Long Island et que j'admirais profondément. Je rassemblai mes dernières bribes de volonté et pris l'avion pour New York afin de le consulter. Il pleuvait à verse. Je pris un taxi pour me rendre jusqu'à sa clinique qui fait partie de l'école médicale de l'université et se trouve au centre de Harlem.

Avant de le voir, il me fallut remplir des douzaines de fiches et de questionnaires à propos de mes habitudes de sommeil, mes sentiments, mon agressivité, mes activités sexuelles, mon tempérament, mes rêves. Elles ne semblaient plus devoir finir. Puis une infirmière me fit des prises de sang. Enfin, on me laissa voir le médecin.

Cette séance ne fut guère plus concluante ou rassurante que toutes celles qui l'avaient précédée. Le médecin regarda mes fiches, me posa encore quelques questions et me conseilla de ne pas abandonner le lithium puisque, m'affirma-t-il, on ne pouvait pas encore savoir ce que la drogue pouvait faire pour moi. M'étant plainte que je me sentais débilitée et déprimée, il me suggéra un anti-dépressif appelé Tofranil dont je devais consommer une pilule quatre fois par jour. Il m'assura qu'avec ça je me sentirais moins léthargique. Il me dit aussi qu'il voulait me revoir avant longtemps. Je rentrai par avion à Ottawa.

Le Tofranil que j'ajoutai désormais à ma consommation de lithium ne servit qu'à me donner des nausées, ce qui ne m'empêchait pas de manger. J'avais une fringale constante de je ne sais trop quoi, une sorte de famine intérieure que j'essayais d'assouvir en m'empiffrant sans cesse malgré les conseils du médecin de me mettre au régime. Après ces orgies quotidiennes, je me sentais pire que jamais. Un jour, j'essayai de faire des courses dans un grand magasin et perdis connaissance en m'écrasant contre un comptoir. Après cela, je restai à la maison.

J'avais gagné dix kilos et je n'arrêtais pas de grossir. Je n'avais pas d'amants, pas de visiteurs, et je ne cessais de penser à Jack Nicholson dans «Vol au-dessus d'un nid de coucou.» Le lithium, me semblait-il, n'était rien d'autre qu'une lobectomie organique; au lieu de retrancher l'agressivité au bistouri, on étouffait les hauts et les bas par infusion de poison.

Cependant, quelque part aux confins de mon esprit, je savais que cela ne pouvait plus durer. Parfois, je diminuais le dosage. Rapidement, mon esprit s'éclaircissait mais je souffrais en même temps de symptômes de manque si effroyables que je revenais malgré moi à l'ancien dosage. Cela, d'ailleurs, me protégeait. Je sais que la faillite de Paddington Press aurait pu précipiter une véritable crise si ce n'avait été du fait que je ne ressentais plus rien. Lorsque j'appris la nouvelle, je pressentis la catastrophe plutôt que de la ressentir. Tout m'était devenu égal.

Bien entendu, les quelques rares personnes que je voyais se rassuraient de me voir si docile. La grosse jument brisée et sereine ne causait plus d'ennuis à personne. Pierre était en tournée toute la semaine et emmenait les enfants au lac Harrington pendant les week-ends tandis que je faisais quarante-huit heures de sommeil ininterrompu. Pendant les mois d'automne, ma famille se trouvait à Vancouver. Et pas un médecin ne m'approchait. J'en avais deux à l'époque, un à Ottawa et un à Toronto, et quand j'annulais tous mes rendez-vous comme je faisais invariablement, chacun d'eux devait se rassurer du fait qu'au moins je consultais l'autre.

Rosemary fut la seule personne à m'observer et à s'en inquiéter. Elle m'invitait constamment chez elle mais elle aussi hésitait à intervenir. N'ayant aucune nouvelle de moi pendant des jours, elle venait chez moi, m'y trouvait assoupie sur le lit, et disait: «Margaret, ça ne peut pas être la solution.»

Mais que pouvait-elle faire alors que j'avais l'air si contente? Elle ne cessait de me rappeler tous mes projets de nouvelle maison: les nouveaux rideaux que j'allais coudre, le jardin que j'avais prévu, les cours que j'allais suivre. Paddington Press, lui disais-je, y avait mis fin. D'ailleurs, je n'en voyais plus l'importance.

À l'approche de Noël, je commençai cependant de me rendre compte que je n'arriverais jamais, toute seule, à acheter des cadeaux pour les enfants et à préparer un dîner de Noël. Un jour, Heather Gillin vint me chercher pour aller faire des achats de Noël. Mon apparence la choqua profondément. «Tu dois appeler ta mère et lui dire que tu as besoin d'aide,» m'ordonna-t-elle fermement en me déposant à la porte.

J'appelai Vancouver. «Maman, dis-je faiblement, je ne crois pas pouvoir y arriver sans toi. Peux-tu venir?»

«Mais oui, ma chérie, répondit-elle calmement, j'y serai aussitôt que possible.»

Deux jours après, elle arrivait chez moi. Sans mot dire, elle se mit à faire des biscuits, à commander un arbre, à acheter des cadeaux, à trouver une dinde et à escorter les enfants au cours des diverses activités de Noël. La veille de Noël, tout était dans l'ordre et elle rentra à Vancouver, me laissant préparée sinon en veine de réjouissances. Ce fut le Noël de ma rupture finale avec Pierre.

Cet état de chose aurait pu se prolonger à l'infini n'eût-ce été un promoteur japonais. Un jour au début de la nouvelle année, mon téléphona d'Ottawa sonna. Je répondis à contrecoeur, n'aimant pas qu'on dérange mes rêveries futiles. C'était Cookie Lazarus, mon avocat, me disant que le propriétaire d'une boîte de nuit japonaise voulait que je me rende à Tokyo pour l'ouverture de son club. J'écoutais négligemment. Une boîte de nuit? Et moi si grosse?

Mais la suite me tira de ma somnolence. Mon admirateur japonais m'offrait vingt mille dollars. Une belle somme et j'en avais d'ailleurs besoin.

Je ne sais où j'ai trouvé la force et la détermination d'arrêter le lithium et le Tofranil. Je sais que c'est la chose la plus difficile que j'aie jamais faite et que je ne puis que comparer mon expérience aux récits des tourments que subissent les héroïnomanes qui abandonnent leur drogue. Je me réveillai un matin et jetai toutes les pilules qui restaient. Une fois de plus je dis à Rosemary que j'avais la grippe. Pierre, ne se doutant de rien, emmena les enfants au lac Harrington: il était de retour à Ottawa et c'était à son tour de les garder. Puis je fermai la porte et me retirai dans ma chambre rose.

Pendant dix jours, je l'ai à peine quittée. Je transpirais constamment; je vomissais; j'avais la diarrhée; je tremblais, d'abord de froid, puis de chaleur. J'étais étourdie, faible, paranoïaque.»

Et puis, un matin je me sentis mieux; le poison quittait mon sang. Je tournai les yeux vers le miroir et vis une grosse empotée à la peau marbrée mais c'était au moins une empotée aux yeux quelque peu intelligents. Assez intelligents pour me mettre au régime sévère, trouver mes tenues de toilettes et les élargir, appeler Pierre pour discuter du voyage avec lui, et parler d'argent avec Cookie. Assez pour en arriver à une conclusion aussi cruciale qu'étonnante: les hauts et les bas qu'avaient si tendrement examinés les médecins n'étaient en réalité rien de plus que ma propre réaction à la cocaïne, les hauts correspondant aux périodes où j'en prenais et les bas aux périodes où je prenais du Valium pour contrecarrer les effets de la cocaïne. L'abus des drogues et non l'instabilité mentale avait été la cause de mes symptômes majeurs pendant tout ce temps.

Ce fut ma dernière expérience de la médecine psychiatrique. Depuis ce jour, je n'ai pris aucune drogue miracle, je n'ai consulté aucun psychiatre ou psychanalyste. Aucun des médecins que j'avais consultés ne m'a jamais rappelée pour savoir ce que je devenais, pour s'enquérir de ma tolérance au lithium ou même pour vérifier mon état de santé. Pierre ne dit rien pendant une année puis, croyant que je prenais toujours du lithium, se félicita d'avoir trouvé la «cure» indiquée pour ma condition mentale. Même ma mère ne m'a jamais vraiment questionnée sérieusement. J'ai retrouvé ma propre santé mentale toute seule, sans aide. Pour une personne dans ma condition, la psychiatrie telle que je l'ai connue (pas la psychanalyse du Dr Hutchnecker qui m'a probablement sauvé la raison) n'est qu'une gigantesque fumisterie.

10
Remise d'aplomb

JE partis pour le Japon le 4 mars 1980, date de mon neuvième anniversaire de mariage. Avant de signer le contrat, j'avais demandé à Cookie de s'assurer que l'affaire fût parfaitement honnête. Son enquête ne lui avait révélé que la parfaite légitimité. Le Dr Kichinosuke Sasaki, me confirma-t-il, était un médecin japonais retraité qui voulait investir son argent dans un club. Il m'avancerait quatre mille dollars si j'acceptais de me rendre à Tokyo pour une semaine et de faire trois fois acte de présence d'une demi-heure dans sa discothèque. Le solde me serait versé à mon arrivée. En outre, le Dr Sasaki lui avait dit à mon sujet: «Les Japonais savent combien vous aimez leur pays et vous considèrent comme l'un des plus importants porte-parole de votre génération.» J'avais peine à résister. Qui ne serait pas senti flatté par de telles paroles? D'ailleurs, j'y voyais l'occasion de me ressaisir.

Mais les reporters ont eu vent de l'affaire et l'ont presque fait échouer. Pierre se trouvait à l'apogée de sa campagne électorale, et la presse posait inlassablement la même question: pourquoi un entrepreneur japonais demanderait-il à l'épouse d'un ancien Premier ministre pas encore réélu de visiter son pays?

Était-ce officiel ou non? Le Dr Sasaki ne me facilita guère la tâche lorsqu'il accorda un interview extrêmement inopportun. Interrogé de près par les journalistes étrangers quant à ses raisons de m'inviter alors que la victoire des Libéraux demeurait incertaine, il répondit que, pour sa part, il était certain que Pierre remporterait les élections. Mais alors il ajouta: «De toute façon, elle ne peut plus se soustraire à ses promesses, je la tiens. Elle a signé un contrat et elle me le paiera cher si elle cherche à se dérober. Elle aura de graves ennuis si elle ne vient pas. Je la tiens et je sais qu'on achète n'importe qui si on y met le prix.»

Ces paroles maladroites me vexèrent, même si je doutais de la précision des reportages. Je demandai donc à Pierre d'examiner l'affaire. Il fit mener une enquête discrète qui donna les mêmes résultats que celle de Cookie. L'affaire n'avait rien de sinistre.

«Que dois-je faire?» demandai-je à Pierre.

Sa réponse était prévisible: «Tu dois faire ce que tu veux. Tu peux te juger mieux que n'importe qui. Quant à moi, je n'ai aucune objection.»

Il me proposa alors une solution à laquelle j'avais moi-même songé. Au cas où m'attendait un scandale, je n'avais qu'à voyager en compagnie d'un chaperon, rôle que jouerait parfaitement ma soeur Janet, à cause de son charme et de son aisance. C'était, me semblait-il, la meilleure solution.

Quand je fis part de cela au Dr Sasaki, il n'y eut aucune protestation. On nous fit parvenir deux billets d'avion de première classe. Mais même l'ambassadeur du Japon à Ottawa avec lequel je pris le thé en allant chercher nos visas se montra quelque peu étonné de l'extrême générosité du Dr Sasaki.

Il me posa la même question que tout le monde: «Qu'allez-vous faire au fait, Mme Trudeau?»

En effet, quoi? J'en étais bien incertaine moi-même.

Dès le tout début, mon séjour au Japon me parut enchanté. On n'avait rien négligé pour que je me sente tout à fait bienvenue et respectée. Le Dr Sasaki se rendit à l'aéroport, mais préféra ne pas se faire trop remarquer à cause des reportages qui avaient déjà paru dans la presse japonaise. Deux charmantes jeunes femmes célibataires dans la vingtaine, jolies et élégamment vêtues qui devaient me servir d'interprètes, Eri Ikeshita et Sabrina, me reçurent de façon royale. Eri, en particulier, se lia vite d'amitié avec moi, et, par son regard à moitié occidental et à moitié oriental (elle avait passé quelque temps aux États-Unis), j'en appris beaucoup sur ce pays.

On me présenta alors un homme beau et trapu qui conduisait sa propre Mercédès bleue argentée et qui avait accompagné les jeunes à l'aéoport. C'était notre guide, qui devait s'occuper de nous pendant notre séjour. On nous conduisit immédiatement au Nouvel Hôtel Otani, au centre de la ville, où nous avions la suite du président, où abondaient les meubles de marbre et de style Empire. Dans toutes les pièces, des fleurs et du chocolat. De l'autre côté du couloir se trouvaient les interprètes, notre guide, et un agent de sécurité.

Peu après notre arrivée, Eri vint me demander si j'acceptais qu'on me photographie dans les jardins de l'hôtel. Je ne pouvais quand même pas refuser. Le petit photographe qui allait nous suivre fidèlement dans les jours à venir était un modèle de discrétion et de tact, et le reporter qui l'accompagnait se contentait de chasser la horde des autres journalistes qui sans cela nous auraient rendu la vie impossible. Le lendemain, une photographie de moi, invitée étrangère de marque, occupait la place d'honneur, à côté de celle de Julie Andrews, également nouvellement arrivée, sur le panneau d'affichage de l'hôtel. Il y avait au-dessous une inscription en japonais. Je supposai qu'il s'agissait d'un message de bienvenue.

Commencèrent alors quatre jours de vie japonaise tout aussi agréables que bizarres. Mes hôtes ne ménageaient rien pour me faire voir que l'ensemble de Tokyo était à ma disposition, que je pouvais aller n'importe où, visiter n'importe qui, et faire ce que je voulais quand je voulais.

Comme je cherchais un nouveau projet avant de quitter Ottawa, j'avais pensé apporter l'équipement photographique que m'avait offert le Roi Hussein, afin d'illustrer un livre de recettes japonaises. J'ai toujours adoré la cuisine japonaise, et j'avais pensé qu'une version occidentale de cette cuisine m'aiderait à récupérer les pertes désastreuses de mon livre «À coeur ouvert». Quand j'en fis part aux assistants du Dr Sasaki, tout le monde en fut ravi. En quelques heures, on organisa une ronde de restaurants, de magasins et de marchés à visiter. Partout où j'allais, mon photographe, qui me suivait comme une ombre, et le reporter m'accompagnaient. Ils ne m'importunèrent jamais.

Mon boulot devait commencer le deuxième soir. J'avais dépensé une partie de mon avance pour m'acheter des vêtements et je me sentais formidable. Dans le placard m'attendait un complet Ungaro bleu que je décidai de porter avec des diamants et des saphirs qui faisaient partie de ma collection personnelle. J'étais prête, conformément aux instructions reçues dès neuf heures.

Mais alors on me téléphona du club: retardez votre entrée, c'est trop bondé.

Je restais perplexe. Mon rôle n'était-il pas précisément d'attirer la clientèle?

Juste avant onze heures, mon guide m'escorta à la célèbre discothèque. Je m'étais attendue à un Studio 54 japonais, mais je me retrouvai dans l'ascenseur d'un gratte-ciel au centre de Tokyo. Nous descendîmes au septième étage. Le hall était plein à craquer de journalistes. Je me frayai rapidement un chemin à travers cette horde jusqu'au calme pondéré d'un simple bar comparable à quinze mille autres bars dans la même ville. Et la musique? m'enquis-je. Non, me répondit mon guide confus, le Dr Sasaki n'en avait pas encore obtenu le permis.

Un certain nombre de dignitaires japonais attendaient de me saluer et on me fit asseoir au centre sur un canapé. Après une demi-heure environ de papotages pendant laquelle il fut permis aux photographes de me prendre, on m'annonça que je pouvais disposer. J'avais fait le nécessaire. Plus perplexe que jamais, je pris congé.

Le lendemain, mon guide japonais, Eri, Janet, Sabrina et moi, ainsi que mes compagnons muets, fîmes la ronde des marchés de Tokyo. J'en étais extasiée. Tous les jours, je me sentais de mieux en mieux.

Le même soir, nous dînâmes dans un restaurant renommé pour son mélange des cuisines française et japonaise. Je goûtai de minuscules crevettes à la sauce aux fraises incomparables. Vers dix heures, je commençais à m'impatienter. Il fallait que je songe à mon boulot. Après tout, j'étais venue en tant que professionnelle, et je comptais me comporter ainsi. Eri me rassura que tout allait parfaitement. Mon guide téléphona pour savoir si on pouvait nous recevoir. Il me rapporta que: «Non, il faut attendre un peu. C'est encore trop bondé. Attendons encore une demi-heure.» Il commanda une autre bouteille de champagne tandis que Janet s'efforçait de me calmer. «Pour l'amour du ciel, amuse-toi un peu, dit-elle. S'ils n'étaient pas contents, ils le diraient.»

Pour ma deuxième apparition, j'avais choisi une robe Chloë noire à dentelle blanche, relique d'une ancienne razzia dans les magasins. Elle dissimulait ma corpulence et encore une fois je me sentais en beauté. Quand nous arrivâmes au club, il ne restait plus qu'une douzaine de clients. On m'offrit à boire, je demandai un verre d'eau Perrier, et dans les dix minutes, on me remercia de mes services.

Ne voulaient-ils pas que je parle à quelqu'un? Non merci, ce n'étais pas la peine.

Voulez-vous que je danse?

Hélas, nous n'avons pas de musique.

Perplexe, je m'en allai, suivie de mes deux ombres.

Le lendemain, mes hôtes m'apprirent que Jun Ashida, le plus grand couturier japonais, voulait m'offrir des vêtements de sa nouvelle collection. On me conduisit à son salon du centre de la ville, une suite élégante dans un petit immeuble qui lui appartenait. On me photographia en train d'obliger ma corpulence à rentrer dans une robe de lin blanc passepoilée de noir assortie d'une jaquette, et dans une robe de cocktail en soie noire à fleurs rouges. On offrit également deux robes à Janet.

Quand nous y retournâmes le lendemain chercher notre butin, je m'aperçus qu'on avait fait coïncider notre visite avec celle de Mme Ohira, la femme du Premier ministre. Puisqu'on ne pouvait officialiser ma visite au Japon, mes hôtes avaient trouvé un moyen discret de me rendre hommage. Mme Ohira et moi avons pris le thé dans le salon de M. Ashida.

On n'eût pu imaginer une rencontre plus agréable qui contribua aussi beaucoup à effacer le souvenir honteux de ma première visite officielle à Tokyo en 1976 où, frustrée au-delà de toute endurance par les contraintes bureaucratiques, j'avais gravi les marches de pierre du Palais Akasaka entre les rangs serrés de dignitaires japonais en criant à pleine voix après Pierre «Vas te faire foutre,» rien que pour le voir disparaître dans le cortège officiel.

À présent, Mme Ohira et moi conversions calmement du Canada et du Japon, du temps, des vêtements et des enfants. La rencontre s'avérait fort agréable, et je me demandais pourquoi j'avais dans le passé fait tant d'histoires à propos de cette sorte de conversation.

Cet après-midi là, je devais faire mon unique passage à la télévision japonaise. M. Ashida nous avait invitées à déjeuner dans son salon et l'idée japonaise du lunch en boîte me charma. Il s'agit d'une boîte noire laquée remplie de friandises délicates magnifiquement présentées, chacune ayant son propre compartiment. Il y avait une bouchée de poulet épicé au soja au gingembre, une assiette de riz vinaigré avec un morceau de poisson cru, et une petite bouteille de saké réchauffé. Janet et moi dévorâmes le tout.

Le talk-show ne pouvait pas moins ressembler à «Good Morning America». On ne chercha pas à me déconcerter. En fait, on ne chercha presque rien. Le Japon me plaisait-il?

Combien d'enfants avais-je? Aimais-je la cuisine japonaise? Et après chacune de mes réponses enthousiastes, le reporter rayonnait de joie. Il me semblait aussi que douze millions de téléspectateurs japonais rayonnaient autant que lui. Ce n'était certes pas du journalisme fracassant, j'en conviens, mais j'en appréciai chaque minute.

Et pendant ce temps, mes apparitions personnelles se poursuivaient, chacune moins difficile que la précédente. En fait, le troisième soir, alors même que Janet et moi commencions à faiblir sous le poids de tant de distractions merveilleuses, on nous téléphona depuis le bureau du Dr Sasaki pour nous dire que nous n'étions pas obligées d'y aller ce soir-là.

Je protestai lâchement: méritais-je vraiment tous ces égards.

Mais oui, mais oui, me répondirent-ils tous de concert. Absolument. Tout marchait parfaitement. Éri avait encore une liasse de journaux à me faire voir: des photos de moi en train de visiter le marché, dans un restaurant, dans une boutique de jouets japonais. Mais comment un club, me demandais-je, pouvait-il s'intéresser à cette sorte de publicité?

Le lendemain, dans un restaurant sushi, c'est-à-dire un restaurant où l'on se spécialise dans le poisson cru qui fait la renommée de la cuisine japonaise, je photographiai le chef en train de préparer des crevettes. Malheureusement, je fus aussi obligée de les manger, ce qui me posa un petit problème car l'essence du plat veut que les crevettes soient encore grouillantes alors même qu'on les avale. Je m'efforçai de les noyer d'abord dans la sauce au soja.

Ma visite ne consista pas uniquement de cuisine et de photographie. J'ai eu deux repas formidables, l'un avec le romancier de quatre-vingt deux ans Moishi Tanabe, qui m'emmena dans un restaurant où l'on servait des petites tranches minces de homard et un autre qui recélait un trésor de poissons. Il flirta scandaleusement avec moi, me tint la main sous la table, et il se montra tout à fait digne de sa réputation d'être le Frank Harris japonais. Il y eut ensuite la rencontre avec le Dr Sasaki qui eut lieu dans une salle à manger privée en présence d'un autre journaliste. Il ne s'agissait que de propos agréables, tout cela dans cette atmosphère de politesse si particulière aux Japonais.

À la fin du repas, les invités s'éclipsèrent avec délicatesse alors que le Dr Sasaki, qui s'avéra un homme charmant, glissa dans ma main l'enveloppe contenant mon solde de seize mille dollars et prononça une brève allocution. Il me remercia de mon assistance et me dit que je lui avais été d'un concours estimable dans le lancement de sa nouvelle entreprise.

Nous échangeâmes des sourires chaleureux. J'avais presque l'impression que c'était moi qui aurait dû lui remettre les seize mille dollars: mes cinq jours à Tokyo avaient changé ma vie, m'avaient transformée d'une femme au foyer léthargique et malheureuse, rendue docile par le lithium, en une personne qui retrouvait le goût de vivre.

Le jour suivant fut mon dernier au Japon. Peu après le petit déjeuner, le Dr Sasaki, sa femme et ses deux enfants me rendirent visite à l'hôtel pour m'offrir un vase Ming. Et il y en avait un autre pour Janet. Je l'ajoutai à mes bagages qui regorgaient de trophées, testament de l'extrême générosité de mes hôtes. Dans tous mes déplacements, on m'avait comblée de cadeaux et mes valises ressemblaient désormais aux brochures des grands magasins japonais. Même M. Tanabe me pria d'accepter des cadeaux de porcelaine, des encensoirs et des trombes à papier en or.

Comme nous nous apprêtions à quitter l'hôtel et regrettant ne pouvoir rester plus longtemps, on frappa à ma porte. C'était Éri accompagnée de deux hommes tirés à quatre épingles.

«Pardon, Mme Trudeau, me dit-elle, mais ces deux messieurs voudraient vous demander un service. Il n'y faudra qu'un moment.»

J'hésitai.

Elle insista. «Je crois vraiment que vous devriez leur parler.» Je les fis donc entrer. Le premier se révéla un homme du monde. Il était jeune, portait un veston de velours pourpre et avait les cheveux jusqu'aux épaules.

«Salut Maggie, dit-il dans l'américain familier que maîtrisent tant de jeunes Japonais. Avez-vous fait un bon voyage?»

«Eh bien oui, oui,» répondis-je.

«Je voudrais vous présenter mon patron, continua-t-il en me faisant voir un homme en costume rayé tout en révérences et en sourires. J'avais manifestement l'air surprise car il ajouta:

«Nous représentons la société d'édition Cheval et nous voudrions vous demander quelque chose. «À coeur ouvert» doit paraître au Japon la semaine prochaine, et nous voudrions que vous signiez un message qui servira de bandeau au livre. Vous savez, dans le genre: «À tous mes amis japonais, mes meilleurs voeux, mars 1980, le Nouvel Hôtel Otani» puis votre signature. Et nous le collerons dans tous les livres.»

Subitement, tout me devenait clair. Les billets de première classe, le Nouvel Hôtel Otani, l'argent, nos photographe et reporter omniprésents. Il ne s'agissait que d'un énorme voyage de publicité qui englobait tout et destiné à saturer le marché. Le Dr Sasaki et son petit club n'étaient qu'une façade. Je me mis à rire.

«Oh vous autres Japonais, vous êtes si futés,» dis-je sous les regards déconcertés de mes visiteurs. Et comme je riais, le mystère s'élucidait. Ils savaient d'après la presse que je ne ferais jamais plus de promotion pour mon livre. Ils savaient aussi que j'étais fauchée. Quelle meilleure façon de m'amener au Japon que de me payer richement un travail imaginaire? En regardant à nouveau les journaux où l'on voyait ma photo, je m'apercevais que les légendes contenaient toutes un symbole qui devait être le titre japonais de mon livre «À coeur ouvert». Il s'agissait bien d'un coup de maître.

Et ç'avait été un autre coup de maître que de me faire accompagner un playboy japonais très en vue, car je me rendais compte que mon guide en était un. Car tandis que les légendes disaient de moi que j'étais écrivain, elles laissaient entendre qu'un célibataire japonais me courtisait et que j'en savourais chaque instant. Il n'y avait ni offense ni indélicatesse, rien que de bonnes manières charmantes.

Mais je m'en foutais. Il s'était agi de la campagne la plus efficace et la plus habile de ma vie, et j'en avais apprécié chaque seconde. J'étais une femme nouvelle en quittant Tokyo car j'étais désormais certaine d'avoir retrouvé la force de vivre.

Mes quatre jours de travail — si les heures agréables passées à la solde du Dr Sasaki peuvent s'appeler travail — m'avaient redonné goût au travail. De retour à Ottawa, je commençais de songer à un boulot. Vingt mille dollars n'étaient pas une somme négligeable mais il m'en fallait encore bien plus pour acquitter mes dettes. Pour quoi était-je douée? Une fois de plus, mon avocat Cookie vint à la rescousse, même si sa première idée fut moins que brillante. Il téléphona un jour pour me dire qu'il s'était arrangé pour que je lance un nouveau club à Montréal. Je m'imaginai naïvement que ce serait comme Tokyo. On annonçait une «soirée extravagante et amusante.» Cela s'avéra un burlesque de travesti des plus grotesques et des plus gênants. Il me fallut même régler moi-même la note du Ritz où je logeais, car les organisateurs du spectacle avaient décampé sans payer.

Un meilleur épisode suivit ce fiasco. Je me rendis par avion au Centre Rockefeller à New York pour participer au jeu télévisé «To Tell The Truth», dans lequel les panelistes doivent deviner laquelle de plusieurs personnes dit la vérité. Les producteurs enregistrent cinq émissions d'une demi-heure en une seule journée, puis les diffusent une à la fois pendant cinq jours. Un ami couturier me prêta cinq costumes remarquables qui remontèrent mon moral. Je rentrai au Canada très contente de moi et un peu plus riche.

La richesse et l'entrain de l'affaire m'étaient monté à la tête, et je consentis courageusement de passer au «Big City Comedy», une émission canadienne disparue spécialisée dans les grosses farces. La sensation de ridicule m'intimida d'abord mais je m'aperçus bientôt que je savais jouer les numéros et je blêmis à peine quand, dans la scène finale, je reçus une tarte à la crème dans la figure.

Mais mes passages à la télévision ainsi que la plupart de mes entreprises étaient voués à une mort subite. En automne 1980, je fus invitée au Nevada pour participer à l'émission «Hollywood Squares», le plus élégant et le plus amusant des jeux télévisés américains. J'arrivai à l'hôtel avec un rhume épouvantable et me réveillai le lendemain quand on m'apporta le petit déjeuner. Les coups à la porte m'avaient tirée d'un cauchemar fait de policiers et de sirènes. Mais plus je reprenais conscience, plus je me rendais compte que les sirènes ne faisaient pas partie de mon rêve.

Le garçon qui m'avait apporté le petit déjeuner ouvrit les rideaux sur une scène d'horreur tirée d'un roman de science-fiction: la façade entière de l'immeuble en face de nous, l'hôtel MGM Grand Casino, sombrait dans un nuage d'épaisse fumée noire, tandis que les hélicoptères planaient juste à la limite comme des insectes. Je restai épouvantée, fascinée et terrifiée par les flammes envahissantes. Un messager se présenta sous peu pour me conduire au studio situé à un autre étage de l'hôtel.

«Hollywood Squares», c'est le rire. On demande aux participants d'être drôles, d'amuser. Pendant qu'on me brossait les cheveux et qu'on me maquillait, je tendais le cou pour apercevoir le téléviseur situé dans un coin du studio. Le casino flambait de plus en plus violemment et les commentateurs commençaient en direct la litanie du compte des victimes.

On me fit venir sur la scène. Mon rôle était de répondre aux questions que me posaient deux concurrents par des répliques spirituelles et astucieuses.

Entre les prises de vues, je retournais aux coulisses pour faire des raccords à mon maquillage et écouter les informations. «Voici le corps numéro quarante-sept qui arrive sur un brancard… Et regardez, il y a là-haut un homme perché sur le bord d'une fenêtre… Va-t-il sauter? Oui, il vient de sauter…

voilà donc le quarante-huitième mort... Et on dirait que là-haut il y a un enfant, oui, en effet, un enfant qui s'accroche à sa mère... Tenteront-ils de sauter?» Puis je retournais à mes questions, à mes rires, à mes plaisanteries.

À la fin de la journée, on comptait cinquante-sept morts. On avait éteint l'incendie. Mais je me sentais ravagée. Les contrastes de ma journée, l'humour et la mort, m'affligeaient tellement que je pouvais à peine retrouver ma chambre. Je quémandai une place sur le premier avion en partance de Las Vegas afin de fuir cette ville.

Cette journée d'horreur me troubla. Le spectacle des flammes qui rongeaient les murs de l'hôtel me força à réfléchir sur ma propre vie. Je me mis à penser aux jeux télévisés et à cette façon précaire et difficile de gagner sa vie. Le prestige de deuxième ordre de ces performances, brillantes en apparence mais minables en profondeur, me plaisait-il vraiment? Je cherchais du vrai travail, pas un faux semblant.

Après tout me demandai-je alors que je m'éloignais de cette ville, qu'est-ce que j'y gagnais, moi? Un peu d'argent certes, mais pas des sommes fabuleuses. D'ailleurs je le faisais pour acquitter les intérêts sur mon prêt. Toutes ces expériences se ressemblaient plus ou moins les unes les autres. Et je savais déjà que l'esprit et la réplique facile que demandent ces jeux télévisés n'étaient pas ma spécialité. L'argent et l'expérience acquise valaient-ils ce genre de risque? Et qu'adviendrait-il des enfants s'il m'arrivait quelque chose? L'incendie s'était déclaré à l'hôtel MGM; il aurait tout aussi bien pu se déclarer dans le mien, le Riviera. En rentrant par avion, je pris une résolution. Finis les jeux télévisés. Quel qu'en soit le prix. Je refuserai désormais toutes les invitations de ce genre.

167

11

«*Vous voulez donc dire que...*»

LE jour avant mon départ, le 3 mars 1980, Pierre et trente-deux membres de son cabinet prêtèrent de nouveau serment à la résidence du Gouverneur général. Pierre succédait ainsi à Joe Clark, le seizième Premier ministre du Canada, et devenait à son tour le quinzième, conformément à la tradition qui veut que les premiers ministres conservent leur numéro d'ancienneté.

Sa victoire avait été décisive. Deux cent soixante-douze jours d'exil lui avaient appris à mener la campagne électorale la plus efficace de sa vie. Les résultats en témoignaient. Il avait obtenu quarante-quatre pour cent du vote, un point de moins qu'en 1968 alors qu'il se trouvait au faîte de sa popularité et de la Trudeaumanie. L'Ontario lui appartenait. Il avait remporté tous les sièges du Québec sauf un, la meilleure performance dans cette province depuis la victoire de Mackenzie King en 1921. Seul l'Ouest canadien s'opposait encore à lui. Sa victoire, ainsi que la joie que je ressentais pour lui préparèrent de façon significative mon propre voyage réussi au Japon.

Sachant que Pierre n'avait nul besoin immédiat de ma présence, je fis une escale à Vancouver chez mes parents et chez des amis avant de rentrer à Ottawa. Mon séjour japonais m'avait tellement égayée que je me lançai aussi dans ma première affaire sentimentale depuis de longs mois. Sur l'avion qui me menait au Japon la semaine précédente, je m'étais trouvée assise à côté d'un Américain extrêmement séduisant. Six heures d'avion suffirent amplement à faire connaissance. Mon compagnon de voyage, découvris-je, installait des satellites de communication en Alaska. Avant la fin du vol, il m'avait invitée à l'y rejoindre dès mon retour pour des vacances de ski.

Faisant donc fi du scepticisme évident de ma famille, je leur abandonnai mon butin japonais et m'envolai vers le Nord. Le climat fortifiant de l'Alaska, l'effort physique inhabituel du ski et la joie pure de me sentir aimée de nouveau contribuèrent à me faire croire à mon propre rétablissement.

À mon arrivée à Ottawa quelques semaines plus tard, j'installai mes valises dans le salon et éparpillai tout autour de moi les bibelots que j'avais ramenés de Tokyo. Puis je triai mes appareils photo ainsi que mes pellicules et n'y pensai plus. Le lendemain, je décidai de faire une surprise aux enfants et de les emmener voir «The Black Stallion». Nous sommes partis vers dix-neuf heures et revenus vers 21 heures.

Je mis les enfants au lit puis me rendis dans ma propre chambre. Mais j'y découvris une boîte de papier à lettre éparpillée sur le plancher et un plus grand désordre dont je n'aurais été moi-même capable. Irritée, je criai aux garçons qu'ils ne devaient pas faire un tel dégât. Sacha répondit sur un ton de reproche: «Nous, on n'a pas été près de ta chambre, maman.» Puis je jetai un second coup d'oeil. C'était le chaos, mais c'était encore bien pire que le fouillis de trois jeunes enfants. Les placards étaient ouverts, les tiroirs tombaient, des feuilles de papier partout.

Je me rendis tout de suite compte qu'il y avait eu un cambriolage. J'allai vite chercher les enfants, les mis dans mon lit, fermai la porte et téléphonai au directeur de la brigade de sécurité des enfants. Il me semblait qu'il saurait mieux que moi ce qu'il faudrait faire. Je craignais plus que tout autre chose que le cambrioleur ne fût encore dans la maison. Nous n'avons donc pas bougé jusqu'à ce que, après quelques secondes, nous entendîmes le crissement des pneus et la plainte stridente des sirènes.

C'est alors que je pus faire le point sur les dégâts. Sur les talons des policiers, je retournai au salon et vis ce que je n'avais pas remarqué la première fois: mes deux appareils une caméra, sept lentilles et tous les films faits au Japon avaient disparu. Il ne restait plus qu'un Instamatic. La valise contenant mes cadeaux avait disparu. Apparemment, le voleur avait fourré tout ce qui lui était tombé sous la patte dans cette valise et s'était enfui. Adieu, livres de recettes japonaises.

Je songeai ensuite à mes bijoux. Au fil des années, Pierre m'avait offert de nombreuses bagues et broches en diamants et en saphirs, une à la naissance de chacun de mes fils et à plusieurs autres occasions. Ces bijoux m'étaient sacrés et même aux heures les plus désespérées de ma situation financière, je n'aurais jamais songé à les vendre. Je me rappelai soudain avec effroi que je m'étais contentée de cacher mes bijoux apportés avec moi au Japon dans une armoire et que je ne les avais pas encore remis dans le coffre-fort. J'accourus vers l'armoire qui avait été complètement saccagée. On avait jeté son contenu pêle-même par terre. Mais le petit étui y était encore, caché derrière des vieux sacs à main.

Le voleur, toutefois, s'y connaissait. Il avait dédaigné les pierres semi-précieuses que j'avais sur ma commode et n'en avait retiré que deux d'une valeur irremplaçable: l'épingle en or Andrew Grima émaillée de diamants que m'avait offert la Reine lors de sa visite en 1974, et une charmante croix en or que m'avait commandée Pierre un Noël passé. Les deux avaient disparu.

Il me restait une autre épreuve quoique je n'en découvris toute l'horreur que plus tard. Mon inspection me conduisit ensuite dans le hall où je découvris que ma pèlerine de fourrure de vingt mille dollars manquait. C'était bien assez ennuyeux mais il me semblait pouvoir la remplacer. J'appris sous peu que ma compagnie d'assurance, qui avait eu l'attitude que «la petite dame n'a pas à s'inquiéter de ces détails», n'assurait que certains articles. On me remboursa donc la valeur totale des appareils photo, mais seulement mille dollars pour la pélerine.

Les enfants avaient été terrifiés par la chose mais retrouvèrent vite leur bonne humeur quand les policiers leur donnèrent la permission d'observer le relevé des empreintes digitales. Sacha, comme d'habitude, agissait avec le plus d'indépendance. Dès qu'il le put, il accourut vers sa chambre voir si le voleur n'avait pas pris le papillon doré que je lui avais rapporté du Japon, le joli petit trombone que m'avait donné M. Tanabe. Il revint soulagé. «Au moins, il n'a pas eu mon papillon; parce qu'un jour, ce papillon me rendra riche.» Micha n'était nullement vexé, juste un peu fâché. C'était l'aîné, le pauvre Justin, qui souffrait le plus. Il pouvait à peine croire à ce qui venait d'arriver, et quand il le comprit, il se mit à pleurer comme si toute l'innocence du monde venait d'éclater en mille morceaux.

Le cambriolage produisit un résultat inattendu dont je devais me réjouir. Áprès que j'eus quitté Pierre et que Pierre lui-même eût quitté le 24 Sussex, notre protection policière avait presque entièrement cessé. Tant que les enfants habitaient à Stornoway, un gardien était posté à l'extérieur de la maison. Il s'employait principalement à chasser les touristes de la propriété. Maintenant que Pierre avait réintégré ses fonctions, lui et les enfants disposaient de tous les effectifs de sécurité, mais qu'advenait-il de moi? Quant à moi, ça m'était égal. En fait, un agent de sécurité m'eût plutôt gênée, mais je m'inquiétais de plus en plus de la vulnérabilité des fils du Premier ministre quand ils demeuraient chez moi.

Du jour au lendemain, tout cela changea. La police prit d'abord des dispositions pour que soit toujours garée devant ma porte une voiture de la gendarmerie. Puis on m'ajouta à la ronde de la patrouille diplomatique qui visite les ambassades toutes les trente minutes environ. Bien entendu, la voiture de police restait devant ma maison seulement quand les enfants y étaient. Quand ils rentraient chez leur père, la voiture disparaissait.

Mais la police cherchait vraiment à m'aider davantage. On envoya un spécialiste qui examina soigneusement tous les petits points faibles de la maison. Il me suggéra de faire installer des barreaux de fer aux fenêtres ainsi qu'une clôture autour du jardin mais je m'y opposai fermement car je refusais de m'enfermer dans une forteresse. J'indiquai, en me payant un peu la tête de mon expert, que je n'avais pas l'intention d'imiter Richard Nixon, l'ancien président américain, qui venait d'ordonner à la police de poser un pare-brise de plastique tout autour de sa piscine de San Clemente afin de le protéger contre les francs-tireurs qui passeraient au large en bateau. Nous avons donc opté pour des serrures et des portes armées, mais il me sembla par la suite que Pierre avait carrément rejeté la proposition parce que son personnel avait réussi à égarer pendant plusieurs mois le rapport détaillé que lui avait présenté la police pour approbation.

Le meurtre de John Lennon, peu après, renouvella ma détermination de protéger les enfants. De crainte que l'attentat contre le célèbre chanteur n'encourage des émules — on sait qu'un crime spectaculaire en attire un autre — la police me demanda de revenir à l'appareil sécuritaire complet de jadis, au moins pendant les séjours des enfants. Je n'hésitai pas. Je ne me sentais plus capable de les protéger toute seule des assauts qui pouvaient s'abattre sur nous.

En quelques jours, nous avions élaboré un système. Une voiture de la gendarmerie vient nous chercher chaque fois que nous sortons — et j'ai appris à apprécier le luxe de ne pas devoir garer moi-même ma propre voiture et de ne pas devoir marcher de longues distances par un froid glacial avec trois enfants impatients. Des gardiens de la gendarmerie restent à nos côtés dans les magasins et les cinémas, et chacun des garçons, s'il se trouve seul, est surveillé. Justin, par exemple, fait du ski le samedi matin mais un agent de la brigade des enfants l'accompagne. En même temps, on a installé dans ma maison un jeu de téléphones et de boutons d'alarme de sorte qu'en cas de cambriolage ou de kidnapping, nous n'avons qu'à les actionner pour prévenir la préfecture avoisinante. J'ai enseigné aux garçons comment s'en servir si jamais on se saisissait de moi ou que j'étais incapable de m'y rendre moi-même.

Cela, naturellement, a affecté les enfants et pas toujours de la meilleure façon. Micha, surtout, se fait beaucoup de souci au sujet des voleurs et raconte constamment ce qu'il en fera quand il les attrapera. Chaque fois que je quitte la maison, il me surveille de près pour s'assurer que j'ai tout fermé à clef comme il se doit. Il n'y a pas très longtemps, nous avons fait une promenade dans le sens contraire de notre rue à sens unique de sorte que, pour nous rejoindre, la voiture de la gendarmerie dut contourner un pâté de maisons. Micha se désespérait d'angoisse. Puisqu'à l'époque il portait des lunettes de soleil rouge vif et qu'il pleuvait à verse, je lui fis remarquer qu'on ne l'aurait pas reconnu. Il n'en fut guère apaisé.

Il est, néanmoins, en sûreté. Non seulement la famille se sent mieux protégée, mais tout le voisinage jouit du plus faible taux de criminalité de son histoire — et tant mieux, car de notre côté, nous devons endurer le vrombissement constant, juste à notre porte, du moteur qui tourne l'été pour refroidir la voiture et l'hiver pour la réchauffer.

Au début de notre rupture, dans le contrecoup désastreux de ma fredaine avec les Rolling Stones juste après Pâques 1977, Pierre et moi avions rédigé un communiqué officiel. Il se lisait ainsi: «Pierre et Margaret Trudeau annoncent que suite au désir de Margaret ils entendent vivre séparés et à part l'un de l'autre. Margaret renonce à tous ses privilèges en tant qu'épouse du Premier ministre et désire mettre fin à son mariage afin de poursuivre une carrière. Pierre aura la garde des trois fils et accordera à Margaret un droit de visite généreux.»

Ce communiqué rédigé au paroxysme de ma culpabilité et destiné uniquement à servir de bouche-trou pendant la période où Pierre serait Premier ministre ne fut interprété à l'époque par le public que comme une preuve additionnelle de ma perfidie en tant que mère. Il semblait confirmer l'impression que j'avais abandonné les enfants et que je ne me souciais plus guère d'eux. C'était bien loin de la vérité comme je le fis remarquer à un auditoire à Lethbridge (Alberta) il y a peu de temps dans le cadre d'une campagne de souscription locale. « Notre mariage s'était effondré, expliquai-je après tant d'années de silence, dans cette salle qui me manifestait une sympathie sans cesse grandissante. L'un de nous devait quitter l'autre. Je ne pouvais tout de même pas demander au Premier ministre de m'abandonner sa résidence officielle.» La salle se mit à rire et à m'acclamer.

Lorsque, ce terrible jour de 1977, j'accordai la garde des enfants à Pierre, j'avais nettement précisé qu'il ne s'agissait que d'une solution provisoire. Pierre aussi avait été d'accord, mais la garde des enfants lui avait donné un avantage indéniable dans ce jeu surtout parce qu'ils avaient besoin de protection que je ne pouvais leur fournir. Je savais qu'il me faudrait pas mal de temps avant de pouvoir leur offrir une alternative.

Mais plus de deux années avaient passé. J'avais fait preuve de ma stabilité maternelle, j'avais acheté une maison — croyais-je à l'époque — et j'avais assuré mon avenir financier en rédigeant «À coeur ouvert». Je me lançai donc dans une nouvelle tentative pour partager les enfants avec Pierre. Le moment était venu d'expliquer aux enfants que nous entendions vivre séparément. Avant de leur annoncer la nouvelle, Pierre et moi décidâmes de consulter un spécialiste en orientation familiale, de lui demander comment il fallait procéder. Quoique cela ne semblait pas préoccuper les enfants. Ils adoraient tous les trois ma maison et, malgré leur jeune âge, se rendaient compte que Pierre et moi étions infiniment plus agréables quand nous n'étions pas ensemble. Séparés, nous leur serions ainsi plus utiles.

Le thérapeute familial, homme rationnel et agréable nommé Dr Melvyn Segal, nous aida immédiatement. Nous venions de commencer de parler lorsqu'il nous interrompit: «Comment avez-vous déjà pu croire que vous pourriez former un couple heureux? Vos personnalités me paraissent irréconciliables.» Je fus surprise de la réaction ouverte de Pierre à ces séances. Non pas qu'il fût disposé à explorer ses sentiments personnels — c'eût vraiment été un miracle — mais il était prêt à discuter de notre mariage ainsi que de l'attitude correcte à prendre avec les enfants.

Ces séances me réconfortaient et m'éclairaient car je découvris que Pierre et moi, contrairement à ce que nous croyions, ne communiquions pas entre nous. Souvent, lorsque je disais une chose, il en entendait une autre. La technique thérapeutique me fascinait: je disais une chose, Pierre en disait une autre, puis le thérapeute intervenait, «Vous voulez donc dire que...» Cela ne ressemblait jamais à ce que nous croyions avoir dit ou compris.

Les séances eurent également un deuxième résultat. Elles m'apprirent beaucoup au sujet de Pierre. En le voyant esquiver la question de notre relation, j'en vins à voir en lui un homme désespérément seul (il préférait s'appeler solitaire) qui avait érigé entre lui et le monde une barrière si impénétrable qu'une véritable relation profonde et confiante entre adultes lui était impossible. Mais son appréciation de mes qualités maternelles me touchait aussi. Il était manifestement content de ma façon d'élever les petits. Moi aussi, je l'aimais en tant que parent. J'étais déchirée par notre rupture, mais je la savais inéluctable.

L'heure avait donc sonné d'en parler aux enfants. Auparavant, le besoin d'une telle explication ne s'était jamais fait sentir. À cause de mes allées et venues et des déménagements de Pierre au gré de sa vie politique, les petits ne nous trouvaient nullement bizarres. Mais l'heure était venue pour moi et pour Pierre, de leur expliquer que nous étions des personnes très différentes l'une de l'autre, aux goûts et aux idées

175

aussi différents, et qu'il serait mieux pour nous de vivre séparés. Papa n'aimait-il pas les excursions à pied, le canotage et les livres d'art? Et maman, elle, qui préférait se coucher tard et regarder la télévision? Justin avait un jour dit en plaisantant que Pierre ressemblait à M. Spock, le Vulcain de «Star Trek», un homme rationnel dénué de toute émotion ou frivolité et cela nous avait fait rire.

Les enfants acceptèrent notre explication sans difficulté. Sacha, qui est le plus replié sur lui-même des trois enfants, déclara qu'il ne voulait pas avoir deux papas, et Justin expliqua qu'il ne voulait pas que nous divorcions. Micha ne dit pas grand chose: il continua, fidèle à lui-même, bavard et plaisantin, comme un petit Sinclair bagarreur et tête dure. C'est sans doute Justin qui en souffrit le plus. Il a eu le nez en sang quelquefois en défendant mon honneur à l'école. Mais une fois faite l'explication de notre rupture, les enfants étaient comme tous leurs compagnons de l'école publique de Rockcliffe Park dont les parents ont deux numéros de téléphone et deux adresses.

Nous avions eu environ six séances thérapeutiques quand il devint évident que Pierre allait encore devoir briguer les suffrages. Les séances communes s'arrêtèrent, mais la situation politique m'apporta un bénéfice inattendu. À cause de ses déplacements constants sur deux ou trois mois, Pierre n'avait eu d'autre choix que de me confier les enfants. Cela lui donna l'occasion de juger de ma compétence maternelle et de s'habituer à un nouveau mode de vie.

Quand il fut réinstallé au 24 Sussex, et alors que j'habitais uniquement chez moi, nous nous sommes arrêtés pour faire le point. Pour nous rendre compte que nous étions d'accord sur plusieurs points d'importance. D'abord, en tant que parents, nous nous aimions et nous estimions. Je me souvenais avec tendresse et respect qu'à la naissance de chaque petit, Pierre l'avait bercé dans ses bras, et de la rapidité avec laquelle s'était forgé entre eux un lien ferme et affectueux. Pierre est indispensable aux enfants et les liens qui les unissent sont forts et

riches. Si Pierre et moi n'avions pas su résoudre nos diffé-
rends, nous étions d'accord sur certaines valeurs, comme
l'honnêteté et la loyauté, l'éducation (qui devait être bilingue)
et le comportement (du moins en ce qui concerne les manières
et l'alimentation). De cela devait émerger un nouveau mode
de vie.

Tout débuta par une conversation entre Pierre et moi.
«Comment vois-tu l'avenir?» lui demandai-je peu après qu'il
eût réintégré la rue Sussex.

«Eh bien, répondit-il, je voudrais bien voir les garçons
pendant la semaine, et en fin de semaine aussi quand je peux
les emmener au lac Harrington.»

Je réfléchis. «Je crois avoir vécu les plus heureux moments des derniers six mois quand j'entendais leurs voix qui
m'appelaient après l'école. Donc, moi aussi, je voudrais les
voir en semaine. Et je ne veux pas perdre toutes les fins de
semaine.»

À partir de ces propos s'est développé le compromis le
plus naturel et le plus agréable. Puisqu'il n'y a que trois rues
entre nos deux maisons, et puisque le même car scolaire vient
les prendre, leur routine quotidienne n'a guère subi de per-
turbation. Au début, nous les gardions tour à tour pendant
une semaine, du lundi au lundi, et ensuite du vendredi au
vendredi car cela leur permettait de se détendre en fin de
semaine et de retourner à l'école plus reposés le lundi matin.

Ce système convient très bien à Pierre. Il garde une nurse
qui est de service vingt-quatre heures par jour pendant une
semaine et qui le laisse la semaine suivante. Quant à moi, je
sers de bonne à tout faire quand ils sont là et je n'ai qu'une
femme de ménage le mercredi. Mais ça m'est égal. J'exclus les
autres projets quand j'ai les enfants et je fréquente mes amis
quand je ne les ai pas.

Et les enfants? Ils se sont tous adaptés, chacun à sa façon.
C'est à Micha, le bébé, que je manque le plus, mais même lui ne
changerait pas notre façon de vivre; il compense mes absences
en me téléphonant — au moins cinq fois par jour. Sacha est

devenu le directeur-général de la maison et nous donne tous ses ordres quand il est chez moi, et il surveille mes dépenses. Quant à Justin, il accepte tout sans le moindre effort.

Le spécialiste familial nous a fait comprendre à Pierre et à moi l'importance lorsqu'il s'agissait des enfants, de mettre de côté nos antagonismes et de réfléchir conjointement à la meilleure façon de les élever. Et par voie de conséquences, nous nous parlons comme jamais auparavant. Il y a eu des désaccords, mais nous les avons surmontés par la discussion et la patience, ainsi que par les compromis et les concessions innombrables de part et d'autre.

Par exemple, la question de l'éducation des enfants. Pierre, en tant que Canadien français formé chez les jésuites et en tant qu'homme profondément cérébral, veut donner à ses fils la meilleure formation intellectuelle possible. Moi aussi — mais pas quand ils sont encore petits. Je crois sincèrement aux vertus des écoles de quartier et les enfants se plaisent bien à l'école de Rockcliffe Park. Pierre aurait aimé les inscrire à l'école que fréquentaient les enfants de nombreux de ses amis: le lycée Claudel, une école française privée située en banlieue. Je le priai de songer à l'importance de la continuité, aux bons amis que les enfants ont déjà et à la tension que doivent endurer les élèves du lycée Claudel. Il y réfléchit et me proposa une solution acceptable.

Les enfants iront à l'école Rockcliffe jusqu'à l'âge de dix ou onze ans, puis ils fréquenteront une école française. Si à ce moment-là Pierre habite à Montréal, cela signifie qu'ils passeront les semaines chez lui — mais est-ce la fin du monde? Les Anglais cantonnent leurs fils dans des pensionnats sans que cela ne les traumatise. Qui plus est, je ne suis pas convaincue que je pourrais les élever mieux que Pierre pendant les années difficiles de l'adolescence. Nous sommes donc parfaitement d'accord au sujet de l'éducation.

Le chapitre des sports fut un peu plus délicat. Pierre a une sainte horreur des sports de compétition: il ne les a jamais aimés et il ne veut pas que ses fils les subissent. Nous avons donc vu du même oeil le hockey que je trouve violent et brutal (sans mentionner qu'il faut se lever à six heures du matin pour les emmener au bon endroit à la bonne heure). Mais le soccer, pour lequel il faut aimer la course — et les trois enfants aiment courir — me paraissait différent. Pierre hésita. Mais je persistais et lui disais combien je trouvais important qu'ils deviennent des coéquipiers responsables, et combien j'aimais entendre leurs rires et leurs cris chaque fois qu'ils marquaient un but. Finalement, il me donna raison.

Restait la question de la télévision. Pierre n'aime pas la télévision. Il est très sélectif et n'aime que les films qui passent très tard le vendredi soir. Le 24 Sussex ne possède aucune salle familiale où l'on puisse regarder la télévision pour la simple raison que Pierre soupçonne que les rayons de téléviseur soient très néfastes pour les enfants (il brandit le rapport de je ne sais quel chercheur espagnol chaque fois que j'aborde la question). Nous convîmes dès le début, cependant, que nous n'interviendrions pas dans les habitudes parentales de l'autre. Il en résulta que les petits s'habituèrent à l'absence de télévision chez leur père et à un régime très contrôlé chez moi, surtout le samedi matin, lorsque les dessins animés se saisissent pendant trois heures de tous les enfants en Amérique du Nord.

Nos samedis matins devinrent rapidement un rituel confortable entre nous: tous les matins, les enfants devaient manger une céréale à forte teneur en protéine. Le samedi matin, ils pouvaient manger n'importe quoi à condition de le préparer eux-mêmes. De cette façon, ils pouvaient rester en pyjama, se rouler dans leurs courtepointes et s'effondrer devant «Spiderman» et «Bugs Bunny — Road-Runner.»

Cet arrangement fonctionna parfaitement pendant un certain temps. Puis, peu à peu, les enfants se mirent à vouloir rester chez moi le samedi matin alors qu'ils devaient se trouver chez leur père, et ils insistèrent de plus en plus. En fin de compte, j'en parlai à Pierre. Je lui racontai que les dessins animés m'avaient paru inoffensifs, et les enfants les aimaient tellement. Il m'écouta, réfléchit, et tomba d'accord. Désormais, les enfants regardent la télévision tous les samedis matin où qu'ils soient, et n'ont plus triste mine.

Cela faisait déjà quelques mois que nous pratiquions ce mode de vie lorsque j'appris qu'il se pratiquait également de façon semi-officielle aux États-Unis, surtout en Californie. Cela s'appelait la garde conjointe. Plus on me parlait de ses fondements juridiques, plus je m'y intéressais. Je fis ma petite enquête personnelle. Tout pour éviter la misère et l'âpreté des recours juridiques traditionnels.

Je découvris qu'il se pratique en Californie depuis plus de dix ans et avec succès un système de garde des enfants après le divorce qui ne comprend aucune pension alimentaire mais qui permet la responsabilité conjointe pour tout ce qui concerne l'enfant. Aucun parent n'a plus de droits que l'autre. Les résultats laissent supposer que les enfants ressortent de ces arrangements plus gais, plus équilibrés et plus sains.

En particulier, je fus frappée par le ton et le sens commun, voire la dignité, des clauses régissant la garde conjointe. Une clause dit: «Les époux reconnaissent que leur séparation pourrait causer un tort émotif à leurs enfants et s'engagent donc en tout temps et d'un commun accord à faire le nécessaire pour que les vies des enfants soient perturbées le moins possible.» «Ils respecteront consciemment leurs droit réciproques quant aux enfants, ils chercheront à insufler à leurs enfants l'amour des parents et des grands-parents, et ni l'époux ni l'épouse ne tendra ni ne cherchera à détourner les enfants de l'autre parent que ce soit par un acte, une omission ou une insinuation.» Et ainsi de suite.

Pour moi, ces paroles constituèrent une révélation. J'ai toujours ressenti instinctivement que cette façon d'élever des enfants était la bonne. Et la voici inscrite dans la loi. Qui plus est, elle constitue une solution généreuse à tous les égards. Même lorsque Pierre avait les enfants, je savais qu'il serait foncièrement injuste de chercher à les lui dérober. Pourquoi aurais-je un plus grand droit que lui? Ils appartiennent à leur père autant qu'à moi.

Pierre et moi n'en sommes pas encore au stade des formulations juridiques car nous ne sommes pas encore divorcés, mais j'espère et je crois que nous nous dirigeons dans cette voie. Je n'entends pas exiger de pension alimentaire et dès que j'aurai recouvert ma stabilité financière je partagerai les coûts de l'éducation, des vêtements et des soins médicaux des enfants. Je veux que nous partagions tout — chaque décision, chaque projet. Alors seulement serons-nous de vrais parents conjoints, partenaires égaux dans une nouvelle aventure familiale.

12
Face
aux conséquences

J E me réveillai un jour magnifique et ensoleillé de mai 1981, et constatai que mon univers avait changé. Il avait été en évolution constante, bien entendu, mais je n'en avais pas eu pleinement conscience. Je voyais subitement le chemin parcouru depuis deux ans, je voyais qu'une partie du trajet qui me conduirait vers une vie convenable avait déjà été effectuée.

Il y eut d'abord le coup de téléphone. Je travaillais à mon livre depuis quelques mois et j'étais sur le point de le terminer. J'étais contente du progrès mais j'avais encore quelques doutes quant à son aboutissement: me restait-il encore des choses intéressantes à dire? Le premier appel provenait d'Anne Porter, mon éditeur, qui m'annonça que les arrhes qu'on m'avait versées avaient déjà été récupérées par les offres de pré-vente des exemplaires cartonnés et par les droits de publication en feuilleton. Cette nouvelle m'était plus importante que l'encouragement ou le succès: elle signifiait la fin de mes angoisses financières. Enfin, je pouvais acquitter mes dettes, j'étais libérée du travail à la Hollywood, je pouvais préparer mon avenir qui me permettrait de prendre les emplois qui m'intéresseraient, pas rien que ceux qui me renfloueraient. Je me rappelai l'incendie de l'hôtel MGM de Las Vegas: jamais plus je n'aurais besoin de courir de tels risques.

Alors que je me prélaissais sur ma véranda ensoleillée en train de goûter la nouvelle, de songer aux modifications que je pourrais désormais apporter à ma maison, d'admirer le progrès des pétunias et des belles-de-jour dans mon jardin, le téléphone sonna une deuxième fois. C'était Steve Martindale, mon avocat dans l'affaire de Paddington Press.

«J'ai de bonnes nouvelles, me dit-il aussitôt. Il se pourrait que les ennuis avec la Paddington Press soient bientôt terminés. Les Marqusee ont convenu de faire leur possible pour régler ton solde pour «À coeur ouvert». Ils ne peuvent pas te verser tout d'un coup, bien entendu, mais ils se sont engagés devant le juge à te rendre chaque sou qu'ils te doivent sur une période de dix ans.»

Entendais-je correctement?

Steve continua: «Et tu te souviens du scénario qu'ils en avaient tiré? Celui sur lequel cette compagnie avait pris une option? Eh bien, ils veulent maintenant que tu en sois la vedette. J'ai lu le scénario et il est pas mal. Ils te proposent deux cent cinquante mille dollars.»

C'en était trop. Je lui promis de le rappeler.

Mais l'ivresse du moment n'était pas encore finie. Plus tard le matin, la tête me tournant encore, un ami attaché à une grande société canadienne m'appela. Il avait longtemps été question pour moi de participer à un secteur de l'industrie canadienne. À présent, j'avais une proposition ferme: rien de trop gros, rien de trop prenant, mais un engagement sérieux. Quelque chose que j'espérais.

D'abord, j'allais refuser le rôle qu'on me proposait de tenir dans le film tiré de mon propre livre. Après mûre réflexion, j'avais décidé que je ne croyais pas que je pouvais ou que je devais me jouer moi-même: je ne pourrais pas me contenter de demi-vérités. Outre cela, il me serait pénible de revivre un passé que j'avais résolument dépassé. Et la chose la plus merveilleuse était que l'argent n'y comptait pour rien. Je ne sens plus le besoin de rechercher le statut ou le revenu d'une superstar.

Ensuite, je décidai que non seulement j'accepterais la proposition industrielle, mais que j'accepterais aussi vraisemblablement une proposition qui m'avait été faite par la télévision locale. Il y a deux ans, j'en aurais pouffé de rire. Je ne visais rien de moins que «Good Morning America» et ses huit millions de spectateurs. Je sais maintenant qu'il me faut acquérir de l'expérience, de la confiance et me trouver un emploi permanent. Tout allait donc pour le mieux et je m'en réjouissais vivement. Je ne m'attends plus à rien du simple fait que je m'appelle Margaret Trudeau.

Au début de 1981, on me demanda de participer à un téléthon au profit de l'Hôpital Civique d'Ottawa à la station locale CJOH. Je m'y prêtai volontiers et ce travail m'a plus. En mai, le même réalisateur me proposa de faire une démonstration de cuisine japonaise au cours d'une émission d'une demi-heure. On savait que je donnais un cours à huit femmes tous les jeudis soirs à Ottawa. Cette petite entreprise avait réussi au-delà de mes espérances. Il paraît que je suis douée pour les leçons de cuisine, et puisque j'aime le Japon, j'ai eu l'occasion de parler non seulement de la nourriture mais aussi du pays et de son peuple.

Après ma démonstration à la télé, le réalisateur me fit venir dans son bureau. «Voilà quelque temps que nous discutons entre nous, dit-il. Cela vous intéresserait-il d'être co-animatrice avec Bill Luxton pour une de nos émissions régulières du matin, «Morning Magazine»?»

Je répondis par l'affirmative.

«Mais il y a un petit problème, ajouta-t-il. Votre cachet. On ne peut pas vous offrir beaucoup. Nous ne sommes qu'une petite station locale.»

«Me donneriez-vous autant qu'aux autres animateurs? m'enquis-je. Je sais que je manque d'expérience, mais j'ai ma propre expérience de la vie.»

Il me dit qu'il n'y voyait aucun inconvénient. Je promis de lui faire connaître ma décision.

Le soir de cette remarquable journée de mai, je tranchai cette question également. J'accepterais la proposition de CJOH. Je me familiariserais avec le monde de la télévision et cela pouvait mener à autre chose. Et je pourrais continuer de vivre à Ottawa, près des petits, dans la maison que j'aimais de plus en plus. Rien ne m'empêcherait de mettre le nez à l'extérieur quand j'en aurais le goût et de rentrer ensuite chez moi dans le calme de la maison.

Le travail d'animatrice répondra aussi à un critère essentiel de ma carrière: la spontanéité. S'il est une leçon au sujet du travail que j'ai apprise au cours des dix dernières années, c'est bien qu'il me faut des tâches que je puisse terminer rapidement. Ma grande faiblesse est que je me décourage facilement. Il ne faut pas me demander de considérer tous les détails d'une question et de me donner une date de tombée floue. J'ai besoin d'entrevoir la fin dès le début. Voilà ce pour quoi je suis douée: les réactions rapides, la tension psychologique, la performance. Au-delà de cela, je m'égare en doutes et en procrastinations.

Au cours de ma journée des révélations, je compris que j'avais tiré quelques autres conclusions à mon sujet. Elles n'avaient rien d'étonnant, mais elles me donnèrent une certaine satisfaction. Je vois maintenant qu'«À coeur ouvert» raconte l'histoire d'une personne qui commence à grandir. «Les Conséquences» raconte la réalité de ce procédé de croissance, cherche à y faire face, en explore les limites: c'en est d'ailleurs le dernier chapitre. Pendant dix ans, on m'avait enfermée dans une fausse position: j'étais censée représenter une génération entière de flower children qui avait mal tourné. On voulait aussi que je représente les difficultés qu'affrontent les femmes modernes lorsque s'effondrent leurs mariages. Tout cela sur un fond de pressions inimaginables.

Je m'attends bien à ce que les gens me critiquent et me disent: tu aurais dû devenir une grande personne comme la plupart des gens à vingt ans. Mais je ne crois pas qu'il y ait de limite d'âge à la croissance. À vingt ans, je ressemblais à tant d'autres personnes de mon âge: égocentrique, indulgente, intéressée uniquement à moi et à mes problèmes. Cette période est révolue. Je suis curieuse des autres. Je veux m'impliquer dans leur vie à eux et ne plus être obsédée de la mienne. J'en ai marre des traumatismes de Margaret Trudeau. Plus que toute autre chose, je veux m'évader de moi-même. Et je crois qu'à présent, à trente-trois ans, je suis prête à relever les vrais défis, mes propres défis, pas ceux auxquels je devais faire face à cause de ma position sociale ou de mon nom.

J'accepte aussi à présent la critique de ceux que je respecte et que j'aime. J'ai pu faire confiance aux gens dans les deux années qui viennent de passer: j'ai appris enfin l'importance et la joie des vrais amitiés. Ce fut une découverte inattendue quand je me libérai de la rue Sussex et de mon statut d'épouse du Premier ministre. Quand j'avais épousé Pierre à vingt-deux ans, les quelques rares amis intimes que j'avais se sont peu à peu détachés de moi sans doute parce que ma position les intimidait. Isolée derrière les grilles de la rue Sussex, je ne pouvais parler à personne. Depuis que je ne suis plus l'épouse d'un Premier ministre, les gens se comportent naturellement avec moi. Le monde me paraît plus accueillant.

Pierre me disait souvent: «Margaret, tu dois faire face aux conséquences de tes actes. Ton comportement farfelu et décousu te rattrapera un jour. Fais attention à ce que tu fais.» À l'époque, je ne savais pas vraiment ce qu'il voulait dire. Je le sais maintenant et je sais aussi à quel point Pierre m'a aidée.

Quand je le quittais, j'étais sans cesse furieuse de sa parcimonie. En rétrospective, j'en suis reconnaissante. Car s'il m'avait comblée d'argent, je n'aurais jamais lutté si fort, je n'aurais jamais connu la valeur de l'argent et de la vie, je n'aurais jamais su ce que c'est d'être une femme qui ne doit compter que sur elle-même. Je l'en remercie.

Je ne regrette pas mon mariage avec Pierre. C'est la meilleure chose qui me soit jamais arrivée. Je sens encore que je suis sa femme et qu'il est mon mari. Pas au sens conventionnel, mais je suis fière d'être la mère de ses trois enfants. Je me dis parfois que je ne voudrai jamais d'un autre mariage ou d'un divorce. J'ai déjà un mariage. S'il n'a pas réussi, c'est bien parce que trente années nous séparent, une génération entière. Si nous avions été plus proches l'un de l'autre, au niveau de l'âge ou du tempérament, Pierre ne m'aurait pas jugée si sévèrement. Malgré cela, je ne me souviens plus très bien pourquoi nous nous disputions si intensément. Je sais seulement que nous avons renoué amitié, que nous sommes avides de la compagnie l'un de l'autre, et que nos fils sont heureux.

Justin a neuf ans, Sacha sept, et Michel cinq. Ils sont doués et joyeux, et se délectent autant que moi de la nouvelle vie que je nous prépare. Tous les quatre ensemble, nous apprenons à grandir. C'est en observant leurs jeux dans mon jardin que je me suis rendu compte jusqu'à quel point je suis une personne ordinaire, aux goûts très simples. Je n'ai pas envie du faux prestige et de la vie confuse d'une star de Hollywood. Je n'ai pas envie que des playboys me courtisent ou que la presse me traque. Je me contente de travailler dans mon jardin, d'être une mère bonne et constante, de faire de bons repas, et de travailler fort à mener ma carrière à bon terme.

Pour la première fois de ma vie, j'ai une envie consciente d'être en bonne santé physique (même si ce n'est que pour absorber tous ces bons repas). Je soulève des poids pendant quinze minutes trois fois par semaine. Je suis fière de mes nouveaux muscles. Il m'a fallu longtemps avant de comprendre l'importance de la santé.

Il y a un an, j'ai rencontré Jimmy Johnson. Enfants, lui et moi habitions la même rue à Ottawa mais ne nous connaissions pas à l'époque. Comme moi, Jimmy est séparé; comme moi, il a trois enfants. Il est avocat de formation, homme d'affaires de profession, et travailleur acharné. Il est aussi très bon skieur. Nous avons à peu près le même âge et nous ressemblons beaucoup. Nous réagissons de la même manière au monde qui nous entoure, nous détestons tous les deux les cérémonies officielles et les cocktails, et nous avons parfois tous les deux la même envie subite de prendre l'avion vers New York ou d'assister à un concert rock. Jimmy est un homme facile et tendre et parfois nous nous regardons droit dans les yeux et nous voyons que nous avons les mêmes idées, pas des idées extraordinaires ou ambitieuses qui touchent à la politique ou au pouvoir, mais des idées ordinaires, domestiques, sans prétention. On se dit qu'on se mariera quand on aura cinquante ans, mais pour l'instant nous nous contentons d'être heureux.

Des fois je me dis qu'il faudrait que les mariages soient comme des permis de conduire: on les renouvelle tous les cinq ans si on réussit à passer l'épreuve. Qui sait la durée éventuelle de notre relation? Nous regardons l'avenir ensemble, mais en termes ouverts, sans tracas ou dépendance. Nous avons tous les deux vécu des expériences pénibles et avons appris à survivre. Par exemple, ni l'un ni l'autre de nous ne veut servir de remplaçant parental pour les enfants de l'autre, mais nous nous aidons mutuellement sans nous immiscer dans les affaires de l'autre. Nous continuerons de vivre de cette façon le plus longtemps possible.

L'autre jour, Pierre m'a demandé: «Margaret, t'ennuies-tu toujours?»

Je le regardai stupéfaite. J'avais oublié l'ennui, l'éternel ennui hideux et paralysateur de ma vie rue Sussex. Puis j'ai ri. «Je n'ai pas le temps de m'ennuyer, j'ai trop à faire.»

Voilà bien le hic. Je mène maintenant ma vie, je ne suis plus la victime des attentes et des désirs des autres. Je mange ce que je veux, quand je veux, où je veux. Je choisis mes propres livres, mes propres passe-temps, mes propres émissions de télévision. Les décisions viennent de moi. J'administre moi-même mes affaires. Un des pires problèmes de ma vie dans les mois suivant la rupture avec Pierre fut la meute d'agents et d'avocats qui me pourchassaient continuellement. Désormais, je ne recours à leurs services qu'en cas de besoin. Je ne me laisse plus prendre en charge par eux. J'ai un comptable qui s'occupe de mes finances. Pour tout le reste, je ne me réfère qu'aux meilleurs experts dans chaque domaine. Je me méfie énormément des intermédiaires bien intentionnés. Je ne fais confiance qu'aux professionnels et à mes véritables amis.

Je suis devenue infiniment plus forte et je ne suis plus susceptible de changer sous l'effet du moindre vent. J'ai toujours beaucoup souffert de ne jamais rien pouvoir refuser. On m'a inculqué dans mon enfance le désir irrépressible de plaire. Il m'était impossible de dire non. Mais j'ai appris à réfléchir avant d'agir et à soupeser les propositions qui m'étaient faites. Je me réjouis de ma nouvelle aptitude à accueillir celles qui me conviennent et à refuser celles qui ne me conviennent pas. Je me trompe encore de temps en temps car je suis de nature optimiste et je tends à souhaiter le mieux plutôt qu'à soupçonner le pire. Mais maintenant, quels que soient les dons persuasifs de mes interlocuteurs, je réfléchis toujours sérieusement aux conséquences de mes actes. Je me souviens de ce que Pierre m'a dit.

De façon assez paradoxale, ma prédisposition à la prudence ne provient pas d'une méfiance à l'égard de mon intuition mais bel et bien d'une confiance sans cesse croissante en mes capacités. D'ailleurs, n'ai-je pas composé deux livres, joué dans deux films, et fait ma part pour élever trois enfants? En pensant à mon mariage et à mes premiers jours rue Sussex, je me rends compte que je souffrais en permanence d'un sentiment d'incertitude et d'insuffisance que ranimaient sans cesse mes relations avec Pierre et l'image de la vie que je devais mener. Je ne souffre plus maintenant de ce sentiment. Je crois connaître le chemin à suivre et ce qui m'importe. Cette certitude m'a fait comprendre les dangers des drogues comme la cocaïne. Je sais aussi que quoi qu'il arrive, je m'en tirerai. Grâce aux échecs douloureux de ma vie, j'ai appris une chose d'importance capitale: savoir prendre ses distances: des gens, des surprises-parties, des situations. Je sais quand m'arrêter. C'est ça, apprendre à devenir adulte.

Mon expérience d'apprentissage n'a pas été facile. Plusieurs de mes actes me chagrinent cruellement. Je serai tourmentée jusqu'à la fin de mes jours d'avoir à maintes reprises de notre vie commune privé Pierre de sa dignité à cause de mes accès irréfléchis et hystériques. Pierre possède plus de dignité que personne que j'aie jamais connu et je lui ai fait des choses impardonnables. J'ai honte de la façon dont j'ai abusé du public et des médias pour expier ma culpabilité et mes ennuis. Je sais désormais combien j'avais tort et combien il était ridicule de vouloir rejeter sur les autres la responsabilité de mes déceptions, de leur reprocher de ne pas se montrer à la hauteur de mes espérances, de les punir de ne pas se conformer à mes illusions. Je croyais qu'il était important d'être l'épouse du Premier ministre. C'est faux. L'important, c'est d'abord d'être une personne entière et ensuite de s'attaquer à la vie à partir de ses propres forces et faiblesses. Cela a l'air évident quand je l'écris ainsi — mais j'avais présumé à tort me connaître à fond.

J'ai aussi accepté le fait qu'il existe en moi des traits irréductibles qu'il est inutile de vouloir changer. Je sais, par exemple, que j'adore être la vedette, que tous les yeux soient rivés sur moi : je ne peux pas y résister. J'aime qu'on m'écoute. C'est la raison pour laquelle je chercherai mes emplois éventuels du côté de la télévision et de la radio. Mais je sais aussi, outre cela, que je souhaite une vie saine où il n'y a plus de place pour la culpabilité maladive et les illusions. Voilà mon but. Dans la confusion de ma jeunesse romanesque, je croyais qu'un tel but bouchait la vue des gens. Je sais maintenant que c'est faux.

J'avis cru que ma vie respectable et élégante s'achèverait lorsque je quitterais Pierre et j'avais peur de passer le reste de mes jours comme une paria. J'avais tort. Comme le dit le politicologue Richard Gwyn dans son livre « Le prince », tout le monde accepte l'inévitabilité de notre rupture. C'était ma façon de rompre qui n'allait pas. Je le regrette. Mais je suis reconnaissante de ne pas être devenue paria, envers tous mes amis, les nouveaux et les anciens, qui me vinrent en aide.

Peut-être qu'en fin de compte, tout ce que j'ai fait se résume à ceci: je n'étais pas destinée pour le spectacle de la vie politique. À rien de ce qui le compose, ni aux personnes, ni aux exigences, ni aux règles, ni aux récompenses. Cela ne m'était pas destiné, et malgré tous mes efforts, je ne parvenais pas à m'y adapter. Mes déboires, mon abus des drogues, n'étaient que des accès de désespoir devant l'ampleur de mon échec, des tentatives de vengeance misérables contre ce que je ne maîtrisais pas.

Il faut toujours payer le prix de vouloir vivre les rêves des autres: le prix de ses propres désirs, de ses propres besoins, de sa propre indépendance. C'était payer beaucoup trop cher!

Imprimé au Canada/Printed in Canada